세상의 멀지 않은 곳

세상의 멀지 않은 곳

대만의 현대 시인들 중 바이링은 무척 독창적이고 창의적인 시인이다.
그의 시는 이성적이고 논리적이면서 동시에 상상력으로 충만하다.
독창성과 새로운 이미지의 추구는 그의 시의 풍격을 형성하는 양 날개와도 같다.

바이링 저 / 엄영욱 · 왕잉리 역

전남대학교출판부

세상의 멀지 않은 곳에

대만의 현대 시인들 중 바이링(白靈)은 무척 독창적이고 창의적인 시인이다. 그의 시는 이성적이고 논리적이면서 동시에 상상력으로 충만하다. 독창성과 새로운 이미지의 추구는 그의 시의 풍격을 형성하는 양 날개와도 같다.

오행시(五行詩)의 창작은 단거리 경주를 하는 것처럼 빠른 상상력과 순발력을 요한다. 장전된 탄환처럼 폭발력을 가지고 있어야 한다. 그렇지 않으면 오행시는 느슨한 오행 산문에 불과하고 시적인 정취를 잃게 될 것이다. 동시에 시인은 마라톤 경주의 인내와 열정, 큰 심폐기능의 소유자이다. 본 시집에 실린 시인의 친필 원고는 오행시를 창작하는 작가의 고민을 여과 없이 보여준다. 작가가 한 편의 시를 어떻게 창작하는지, 독자들에게 많은 생각을 갖게 할 것이다.

바이링의 오행시는 우리의 다섯 손가락처럼 손짓, 완곡, 변형, 변환이 민첩하고 생생하며 0에서 10에 이르는 숫자가 포함되어 있다. 그의 친필원고를 보면 더 쉽게 알 수 있듯이 그의 오행시는 2행과 3행, 4행과 1행의 결합체이며 6행에서 10행까지를 압축한 것이다. 그러므로 오행시는 1행시를 확충하여 만들어진 것이자 10행시를 농축하여 만든 것이다.

바이링의 오행시, 역자는 번역이 간단할 것으로 생각했는데 결코 만만치 않은 작업이었다. 작가의 의도에 가장 적합한 시어를 찾는 것은 또 하나의 창작처럼 지난했다. 간단한 시어, 시구 하나를 해결하지 못하고 며칠이 지나서야 갑자기 적합한 단어가 떠오른 적이 빈번했다.

본 시집은 101수가 실린 원본에서 83수를 선택, 번역한 것이다. 극히 사적인 시라 생각되는 것들은 제외시켰다. 오행시는 음양오행의 철학적 의미를 내포하고 있어서 곰곰이 생각하며 읽지 않으면 이해하기 어려운 경우도 있을 것이다. 이 짧은 오행시를 부담없이, 느리게 읽기를 권하고 싶다.

본서의 번역 또한 나 홀로 만든 성과물이 아니다. 오행상생의 결과물이다. 시인 박남용 교수와 이종민 교수, 황지유 교수의 감수가 있었으며 김선희, 뚜안샤오홍(段曉紅) 선생님의 도움과 그 밖에 주변의 채근이 없었다면 이 번역물은 아직 나오지 못했을 것이다. 이 책을 번역하도록 허락해 주신 바이링 시인의 협조에도 감사드린다.

본서는《五行詩及其手稿》(臺灣 秀威資訊, 2010)를 저본(底本)으로 삼아 번역했음을 밝혀둔다.

2015. 8.

빛고을 광주에서 역자 씀

오행유풍(五行流風)

바이링

시는 언어의 꽃으로, 일상용어에서 탈출을 시도하여, 평범한 어구로 표현할 수 없는 감정, 사상과 상상을 토로한다. 마치 한 그루 나무가 무성한 잎들 속에서 한 떨기 꽃을 피워내는 과정과도 같다. 작고 교태스러우며 색깔도 독특한 한 떨기 꽃이 아슬아슬하게 나무 꼭대기에 자리를 잡고 고개를 돌려 오만하게 보는 모습은 무성한 녹엽으로 우거진 나무와 아름다움을 견줄만하다. 자고이래 많다고 좋은 것은 아니다. 하늘 아래 어디 커다란 대야 같이 붉은 꽃을 본 적이 있었던가?

시에는 각종 다양한 형식이 존재한다. 장시, 그룹 시, 단시, 작은 시 등 나름대로 장점을 갖고 있다. 어떤 시인은 '무절제하게 단어 쓰는 것'을 좋아하여 천 행, 이천 행에 달하는 장 시집을 출판한다. 어떤 시인은 '절제된 단어'를 즐겨 십 행 미만의 작은 시 내지 일

본의 하이꾸 형식을 좋아한다. 그러나 예로부터 현재까지 한시의 특징을 살펴보면 대체적으로 짧고 함축성 있는 것이 절대 다수이다. 특히 정보가 넘치는 이 시대에 한시 언어의 독특함은 더욱 두드러진다. 어떻게 해야 일당백, 적은 수의 글자로 많은 정보를 전달하느냐가 시인의 커다란 도전과제가 되었다. 오행, 많아야 십행이 미래에 흥행하는 스타일이 될 수 없다고 누가 장담할 수 있으랴?

1973년 필자가 첫 번째로 발표한 시는 4행이다. 그 후 여러 편의 삼사백행의 장시를 쓰긴 했으나 그리 흔한 일이 아니었다. 평상시에는 대개 십 행 내지 삼십여 행의 시를 창작의 주요 형식으로 취했다. 1985년 우연히 〈연〉, 〈촛대〉, 〈등롱〉, 〈다툼〉 등 4수의 오행시를 쓰고 나서 비로소 오행시의 오묘함을 발견했다. 〈연〉은 십 여 년 동안 줄곧 중학생들의 필독 시로 선정되었다. 그 후 잇따라 백여 수의 오행시를 발표했는데, 초기 목표는 삼백 수였다.

중국 고대철학에는 음양오행의 수(二五之數)라는 학리가 있고, 《황제내경 · 영추》(《黃帝內經 · 靈樞》) 중에는 온 세상의 사물은 오행을 떠나 존재할 수 없으며 인간 역시 이에 상응한다.(天地之間, 六合之內, 不離於五, 人亦應之)라는 설이 있다. 중의(中醫) 또한 오장을 인체의 가장 기본적인 요소로 간주하고 오행(五行), 오색(五色), 오음(五音), 오관(五官), 오지(五指)…, 등등에 대응하여 소위 장상이론(臟象理論)을 세웠다. 알다시피 「오(五)」라는 수는 기묘한 숫자이다. 필자가 「오행시」로 인간의 감정과 의지를 표현하려는 것은 어쩔 수 없는 자발적 행위이며, 번잡함을 간결하게 그리고 적은 것으로 많은 것을 내포하고자 하는 마음 때문이다. 오행시는 글자 수가 아무리 많아도 백 자를 넘지 않으며 오십, 육십 자로 한 수의 시를 완성하는 경우가 흔하다. 어떻게 극히 적은 글자 수로 예술의 완벽 내지 그 경지에 다다를 수 있을까. 그것이 필자가 오행시라는 이 작은 시의 형식을 제창하는 최종의 바램이다.

이번에 전남대학교 엄영욱 교수가 중국의 왕잉리(王英麗)선생의 추천으로 졸작 오행시 시집을 한글로 번역하게 되었다. 한글과 중문을 병렬하는 형식으로 원문과 대조하여 고품질 역작을 만들었다. 동시에 필자의 친필원고를 삽입하여 어떻게 시가 완성되었는가 그 흔적을 고스란히 보여주었다.

번역이란 얼마나 어려운 일인가, 그 난이도가 재창작과도 맞먹는다. 특히 시의 경우는 더욱 그러하다. 한 민족의 시어와 다른 한 민족의 시어가 직접 대역(對譯)이 되지 않는 어려움이 필히 있었을 것이다. 짧은 몇 줄이라도 번역하기 애매한 곳은 마치 산을 사이에 두고 제스처로 상의하면서 그 뜻을 깨우쳐야 하는 것처럼 역자로선 난감하고 괴로운 때가 있었을 것이다.

언어에는 국경이 있지만 시심에는 국경이 없다. 중국시를 한국어로 번역하고, 한국시를 중국어로 번역하는 것은 양 민족 간 부드럽고 아름다운 시심의 확장이다. 졸작이 짧은 오행의 모습으로 한국에서 출판할 수 있는 기회를 갖게 된데 대하여 다시 한 번 엄영욱 교수의 뜨거운 열정과 깊은 배려에 감사의 말씀을 드린다.

동시에 홍콩대학 리훠런(黎活仁)교수에게 감사의 말씀을 드린다. 리훠런 교수의 필자에 대한 오랜 동안의 배려와 후원이 없었다면 오늘날 이러한 시집이 나오질 않았다.

1부 세상의 멀지 않은 곳에

2부 흰 구름 한 조각이 호심을 맑게 한다

3부 물은 물고기를 따라 자유롭다

4부 페트병을 논하는 것은 표류하는 지구가 페트병은 보나 저수지는 못 보는 것을 말함

5부 욕망의 부드러운 복부를 움푹 밟는다

1부

세상의 멀지 않은 곳에

연

바람 타고 하늘로 올라간다. 이 작고 작은 희망 얼마나 높이 날려 보낼 수 있을까?
기나긴 일생 이 같이 한바탕 놀이가 아닐지
가늘고 가는 선으로, 온 하늘과 줄다리기하고 싶어
올라가고 또 올라가, 금방 보이지 않게 되겠지
강둑 따라, 나는 하늘을 끌고 질주하기 시작한다

風箏

扶搖直上, 小小的希望能懸得多高呢
長長一生莫非這樣一場遊戲吧
細細一線, 卻想與整座天空拔河
上去再上去, 都快看不見了
沿著河堤, 我開始拉著天空奔跑

시계추

좌로 똑 우로 딱, 얼마나 좁은가 이 시간의 교각은
삶은 놀러 오는 것, 죽음은 놀러 가는 것
"똑", 정신은 겨우 여명, "딱", 육체는 이미 황혼,
"똑"은 과거, "딱"은 미래
"똑딱"의 틈에 무수한 현재가 줄을 서서 통과하고 있다

鐘擺

左滴右答，多麼狹小啊這時間的夾角
遊入是生，游出是死
滴，精神才黎明，答，肉體已黃昏
滴是過去，答是未來
滴答的隙縫無數個現在排隊正穿越

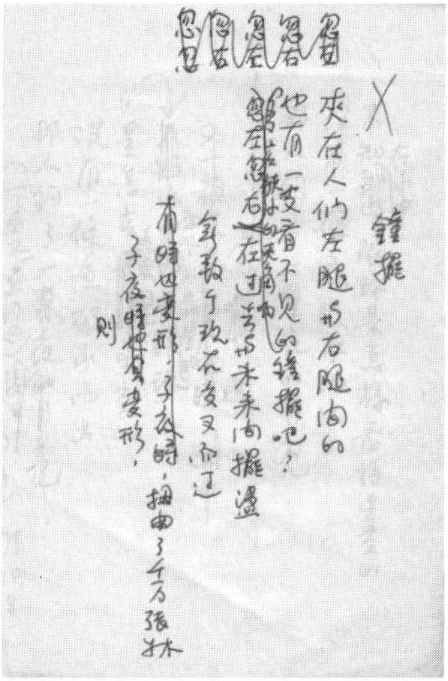

〈鐘擺〉 手稿一

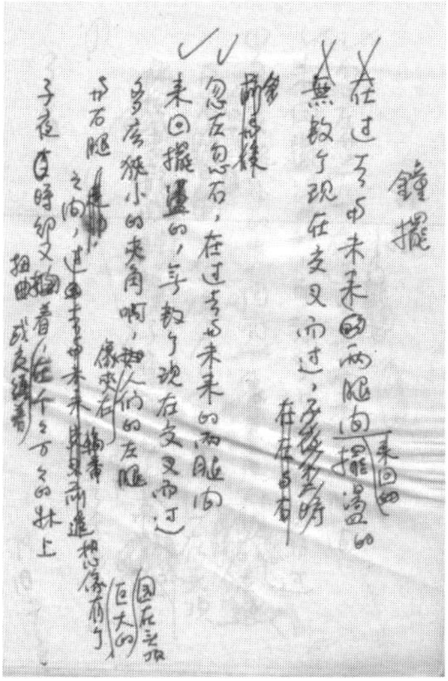

〈鐘擺〉 手稿二

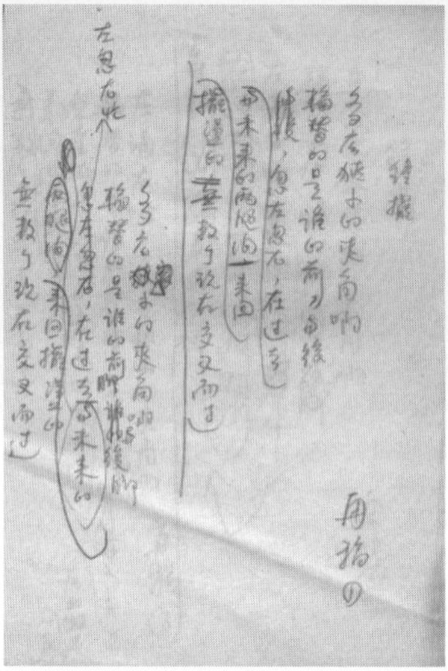

〈鐘擺〉 手稿三

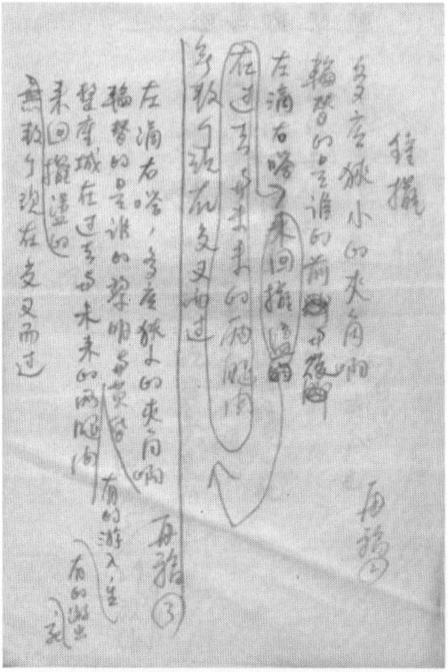

〈鐘擺〉 手稿四

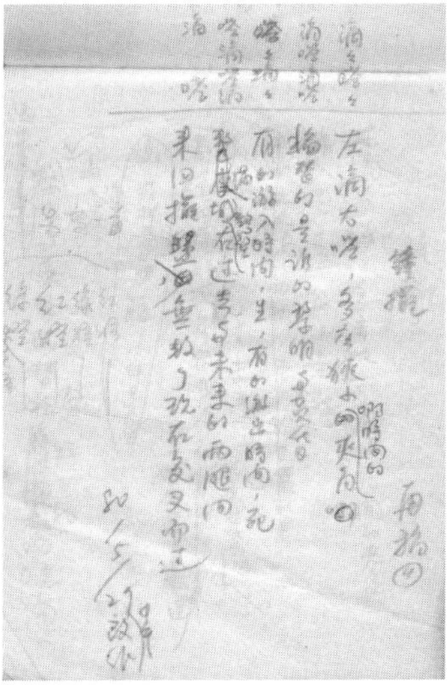

〈鐘擺〉 手稿五

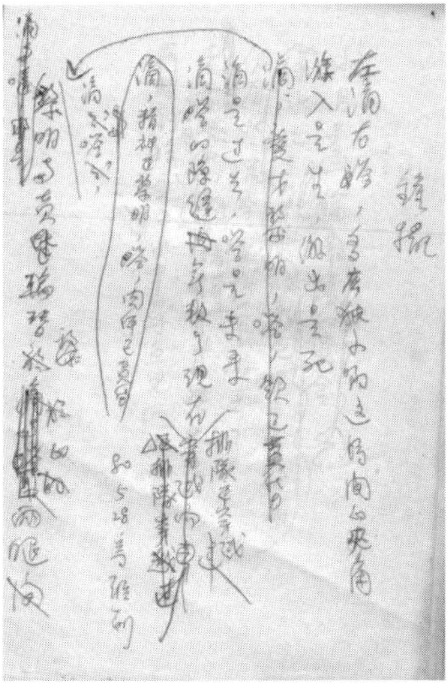

〈鐘擺〉 手稿六

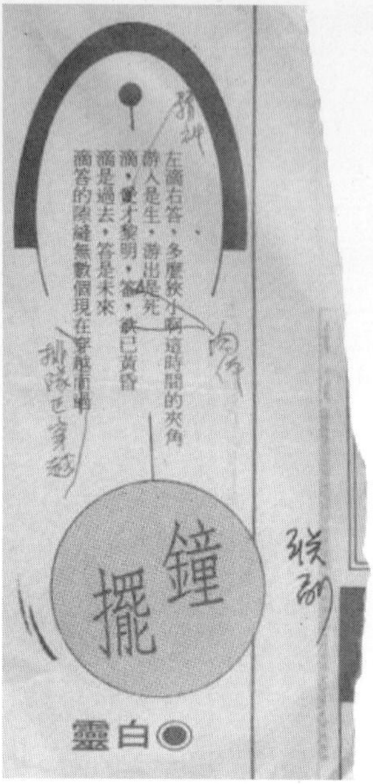
鐘擺

◉白靈

左滴右答，多麼狹小啊這時間的夾角
滴入是生，答出是死
滴，天才黎明，答，就已黃昏
滴是過去，答是未來
滴答的隙縫無數個現在穿梭而過

〈鐘擺〉發表後重定稿

유방

만질 수도 또 잡을 수도 있는 온유함
혀끝에서, 그대의 영혼으로 솟아오르네
빛도 미끄러져 스러지는 두 줌의 부드러운 옥
고독하고 쓸쓸한 밤
진동하는 피라미드여

乳

可以觸碰可以握, 之溫柔
舌尖下, 聳入你的靈魂
光都滑倒的兩捧軟玉
荒涼的夜裡
顫動的金字塔啊

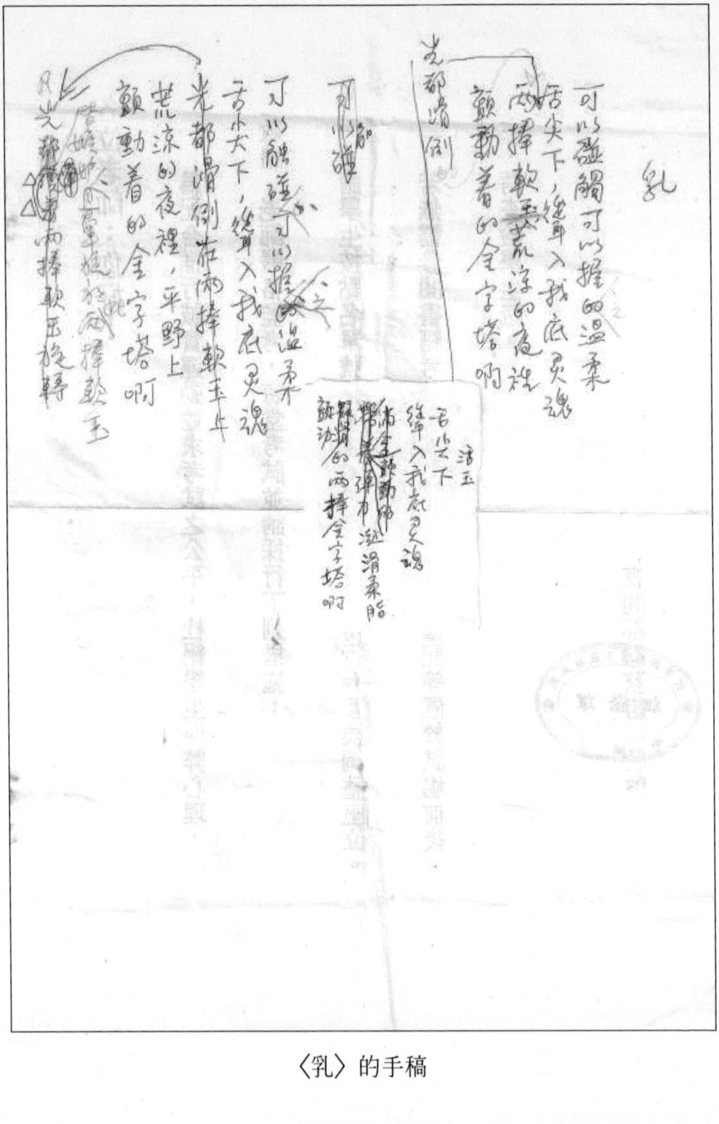

〈乳〉的手稿

불여가 1

평온한 무(無), 광적인 유(有)만 못하고
온도가 상승되기를 기다리는 이슬, 열을 말아 도망가는 눈물만 못하지
맹렬히 어지럽게 쏘아대는 화살, 홍심으로 곧장 돌진하는 과녁만 못하고
비둘기 3천 마리를 사육하는 것은, 늙은 매 한 마리를 안고 있는 것만 못하며
입맞춤을 당하는 것은 쪼임을 당하는 것만 못하다

不如歌 1

平靜的無, 不如抓狂的有
坐等升溫的露珠, 不如捲熱而逃的淚水
猛射亂放的箭矢, 不如挺出紅心的箭靶
養鴿子三千, 不如擁老鷹一隻
被吻, 不如被啄

다툼

황혼은 모두 낮과 밤의 낭만적인 싸움에서 생긴 것
꽃구름은 온 하늘을 가득히 물감으로 물들이고
하늘이 다시 안을 수 없는 저
석양——바다 위로 떨어져
파도가 출렁이네

爭執

整齣黃昏都是白晝與黑夜浪漫的爭執
雲彩把滿天顏料用力調勻
天空再也抱不住的那
落日——掉在大海的波浪上
彈了兩下

하늘의 뜻

한 병의 향수에는 꽃밭이 숨어 있고
신화는 억만 명의 인류와 같다
타로 점으로 미래를 점친 후 말하지 못했는데
제사장은 죽기 전, 확실치 않은 이야기를 했다
온 산맥은 천여 년의 노력 끝에 신목(神木) 하나 들어 올렸다고

天機

一瓶香水隱藏一座花園
一則神話等同於億萬個人類
塔羅牌卜出未來後　欲言又止
祭師瀕死前　說了個不清不楚的故事：
整群山脈努力上千年　終於擎起了一尊神木

솥

연꽃은 여름을 펼쳐내고
마침내 연못 바닥으로 잠겨 돌아가는데
촛불은 자신의 불꽃을 모두 태워버린다
불법에 의하면
아무리 가벼운 재라도 금 솥에 담아야 한다

鼎

蓮花伸展完它的夏季
最終也要潛回池底
香燭剛燃完它的光芒
佛說
再輕的灰也要用金鼎扛著

청명절에

그대는 그곳에 누워, 몇 마리의 작은 벌레들을 키우며 귓속말로 황혼에 속삭인다

몸에는 풀이 가득 자라고, 머리를 흔들며 매일 석양을 바라보고 산봉우리의 젖을 먹는다

연기가 온 산에 흩날리는데, 날아오르다 마침내 잦아든다

머리 위에 매가 나는데, 지면의 그림자가 얇은 듯 검은 이상한 모습이다

밤을 싣고 도시로 돌아가는데, 차의 불빛 길게 꼬리 물어 식사 시간이 지나도 대문까지 날아올 수 없을 듯 하다

清明

你躺在那裏, 養幾隻小蟲就能代代耳語著黄昏

身上長滿草, 搖頭晃腦天天看落日哺乳山峰

紙煙滿山飄, 會飛的究要靠會爬的來收拾

頭上有隻鷹, 一瓣剪影在地面似薄而黑的異形

載夜色回城, 車燈吻上長龍,餐後猶飛不到家門

검은 매

아무도 제대로 볼 수 없는 숨겨진 욕망
초원위에 한 조각 검은 구름이 얕아졌다 깊어졌다
괴이한 검은색 잠수정처럼, 하늘에서 순항한다
나는 왜 회색 토끼가 되었는가? 죽도록 뒤쫓는다
온 땅 날아드는 검은 매의 그림자

黑鷹

無人看得清牠潛藏的慾望
一朵黑雲忽淺, 忽深, 在草原上方
詭譎如黑色的潛艇, 巡航於天空
何故我竟成了灰兎？沒命地追逐
牠那襲——滿地飄忽的投影

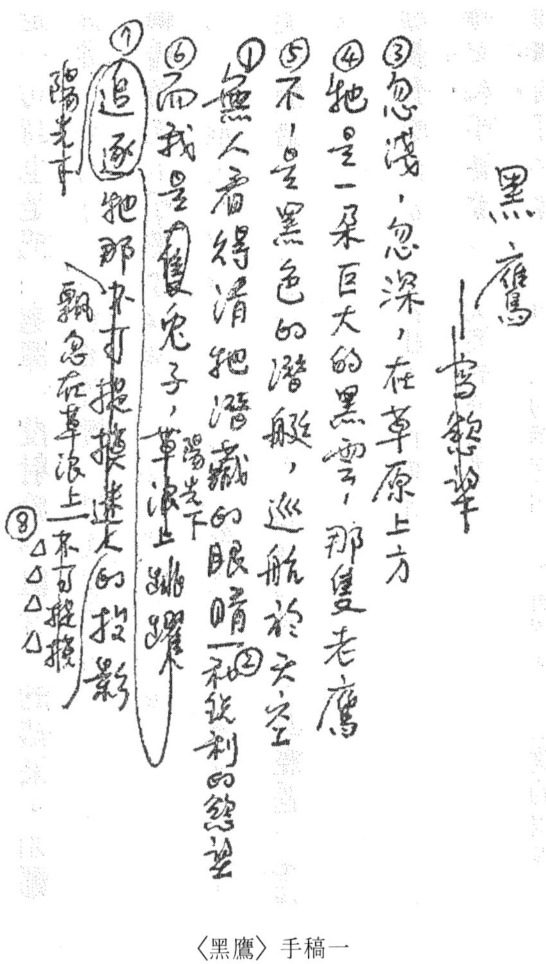
黑鷹
③忽淺，忽深，在草原上方
④牠是一朵巨大的黑雲，那隻老鷹
⑤不，是黑色的潛艇，巡航於天空
①無人看得清牠潛藏的眼睛②和銳利的慾望
⑥而我是隻兔子，草浪上跳躍
⑦追逐牠那不可捉摸迷人的投影
飄忽在草浪上
⑧不可捉摸

〈黑鷹〉手稿一

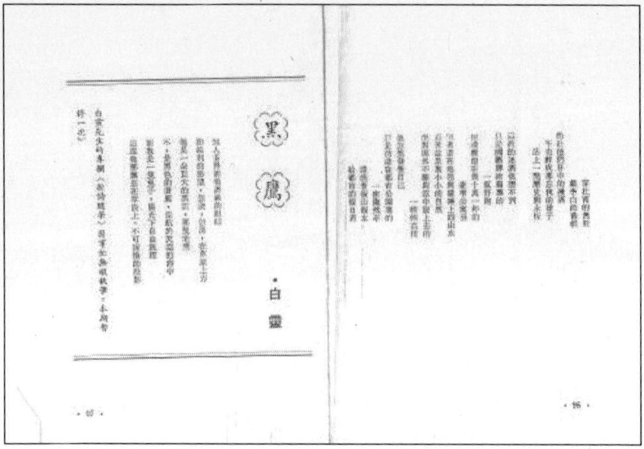

黑鷹

·白靈

黑鷹

·白靈

〈黑鷹〉 發表稿

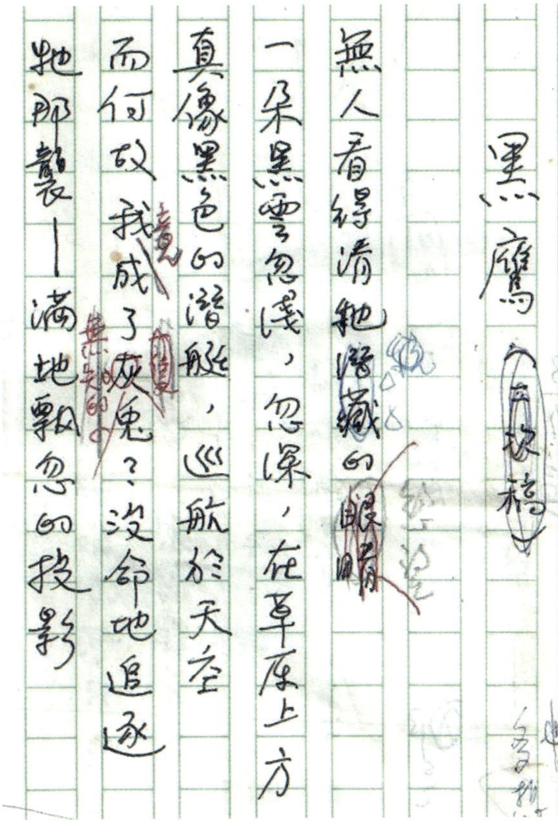
黑鷹（定稿）

無人看得清牠潛藏的眼睛
一朵黑雲忽淺，忽深，在草原上方
真像黑色的潛艇，巡航於天空
而何故我成了灰兔？沒命地追逐
牠那龍袞——滿地斑駁忽的投影

〈黑鷹〉 發表後的重定稿

중산릉을 참배하다

중국을 향해 내뱉은 마지막 숨

장강은 밤낮으로 그의 두 귀에서, 콸콸 흐른다

80년 푸른 역사는 휘감은 용이 아니라, 범이 버티고 앉아 있는 듯하다

지혜와 이념은 벽에 새겨져 능에서 나올 수 없고

모든 글자는 알록달록한 나비 되어, 날아가고 싶어서, 발버둥 친다

謁中山陵

向中國繳出了最末一口氣

長江仍日夜從他底兩耳, 轟轟流出

八十載青史, 不是龍蟠, 便遭虎踞

智慧與主義依舊鐫在牆上走不出陵寢

每個字都斑斕成蝴蝶, 掙扎著, 想飛

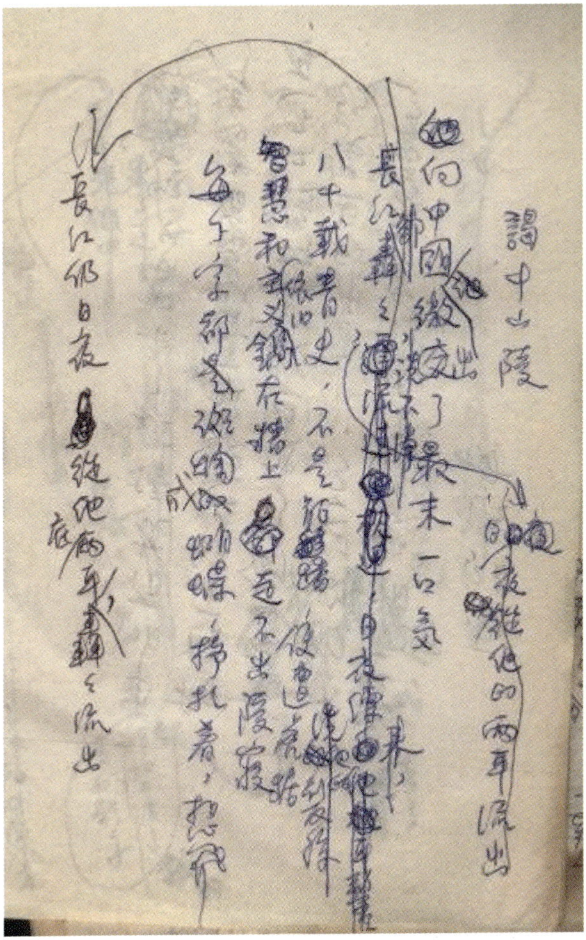

〈謁中山陵〉 手稿

고독

고독은 사육하기 어려운 것

온 도시를 수탈해 먹어도, 배부르지 않는다

눈물을 흘리고, 무릎 꿇어 간구해도, 고독의 허리는 그대의 손가락 사이에서 미끄러져 간다

그대가 몸을 돌려 날고자 할 때, 그것은 또 와서 그대의 그림자가 되어준다

쉬지 못하고 밤새도록 전전하며, 마지막까지 길들이기 어려운 애인과 같네

孤獨

孤獨是難以豢養的

搜刮來整座城, 也餵牠不飽

你垂淚, 跪求, 牠的腰仍自你指間滑走

你轉身欲飛, 牠偏偏又來影子你

輾轉不休, 像終究難以馴服的情人

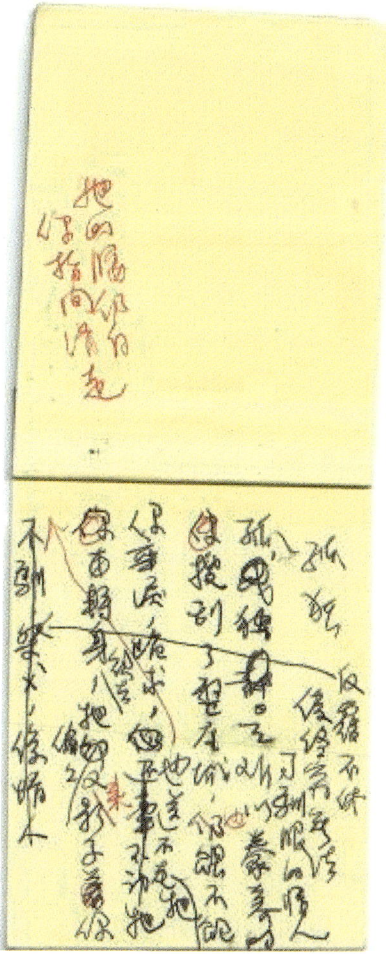

〈孤獨〉手稿

필사본

—— 서안에서 보다

한 손에, 작은 해서체 글자에 꽉 잡혀있고
한 쌍의 눈, 붓 끝의 부드러움 속에서 춤을 추고
한 잔의 등잔에, 가볍게 읊조리며 머리 긁는 서생
한 칸의 초옥에, 정신을 집중하여, 전쟁을 막아내니
고대의 작은 성 하나, 천천히 조용히 가루가 된다

手抄本

—— 西安所見

一定有一隻手, 被一管小楷緊緊握住
一定有一雙眼眸, 在筆尖的軟柔中起舞
一定有一盞油燈, 輕輕吟哦著搔首的書生
一定有一間茅屋, 屏氣凝神, 抵擋住戰火
一定有一座古代的小城, 悄悄悄悄化作齏粉

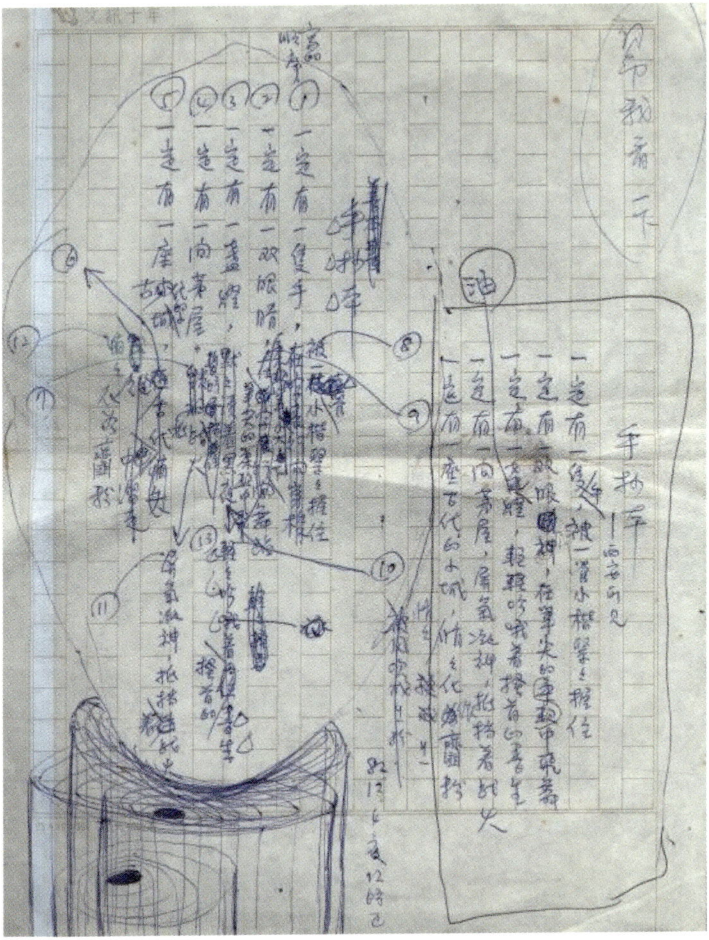

〈手抄本〉手稿

세상의 멀지 않은 곳에

세상의 멀지 않은 곳에
작은 흰 나비 한 마리가, 창밖으로 날아갔다가
다시 돌아오니, 현재와 과거의 두 마리 나비 그림자
차례로 방 안으로 날아 들어와, 모든 것을 돌아본 후
매듭을 짓고, 날아가네

就在距離世界不遠的地方

就在距離世界不遠的地方
一隻小白蝶剛剛飛越窗口
又飛回，現在與過去的兩條蝶影
就這麼先後飛入屋內，把一切掃瞄完畢
打了個結，飛走

2부

흰 구름 한 조각이 호심을 맑게 한다

한 밤중의 도시

노란 등 앞에 차를 세운다, 그 앞에 쪼그려 앉은 도시는 졸린 거대한 짐승

빨간 등 속의 졸음, 꿈속에서 길 도처에 잡혀있는 반딧불을 본다

빨간 등에 깨어 보니, 그 거대한 짐승 하품에 유혹의 금니를 드러내고

녹색 등에 속도내어, 뛰어 가보니 금니가 모두 빛의 신화처럼 보이네

갑자기 반딧불 한 마리 달아나고, 구급차는 빠르게 신화의 상처를 막으려 쫓아간다

子夜城

黃燈前煞車, 蹲在前面這座城市如睏極的巨獸

紅燈中小盹, 夢見街上到處是被綁住的螢火蟲

紅燈中醒來, 那頭巨獸打哈欠露出誘人的金牙

綠燈時加速, 衝進去才瞥清金牙盡是光的神話

一火螢竄出, 救護車正飛速趕去摀住神話的傷口

나비

부채질한다, 부채질 한다, 수많은 꽃 향기나는 땀 줄줄 흐르도록
잘못 뛰어든 나비 멍하게 있더니, 바로 작은 부채를 펴고
동쪽을 부채질하고, 서쪽을 부채질하고, 남쪽을 부채질하고, 북쪽을 부채질 한다
부채질 하는 것이 너무 힘들어, 가는 가지 위에 쉬다가, 부채의 향기를 떨어내고
꽃들이 부주의한 틈을 타 울타리를 넘어 간다

蝴蝶

扇我, 扇我, 百花們香汗淋漓地喊著
誤闖的蝴蝶楞了楞, 當起小扇子來
扇扇東, 扇扇西, 扇扇南, 扇扇北
扇得好累, 細枝上歇著, 抖抖扇面的香氣
趁花朵們不注意, 翻出籬牆去

물고기와 매

—— 리강에서 보다

물속에서 비행하는 유령, 뗏목위에는 흠뻑 젖어 있는 큰 새
큰 입을 벌리고 삼킨 물고기를 강물만큼 다 토해낸다
몇 세기의 욕망인지, 누구의 끈에 묶였는가?
뗏목에 긴 삿대 하나, 그리고 긴 삿대는
장족 한 사람이 한껏 움켜쥐고 온 힘을 다해 리강을 저어간다

魚鷹

—— 灕江所見

水中飛行的魅影, 筏上濕淋淋的大鳥
張開巨嘴, 呑進的魚群整江地嘔出
幾世紀的慾望啊, 被誰底頸繩箍住
被一條筏, 被一根長篙, 而長篙
緊握著一個壯族人, 正奮力, 想撐開灕江

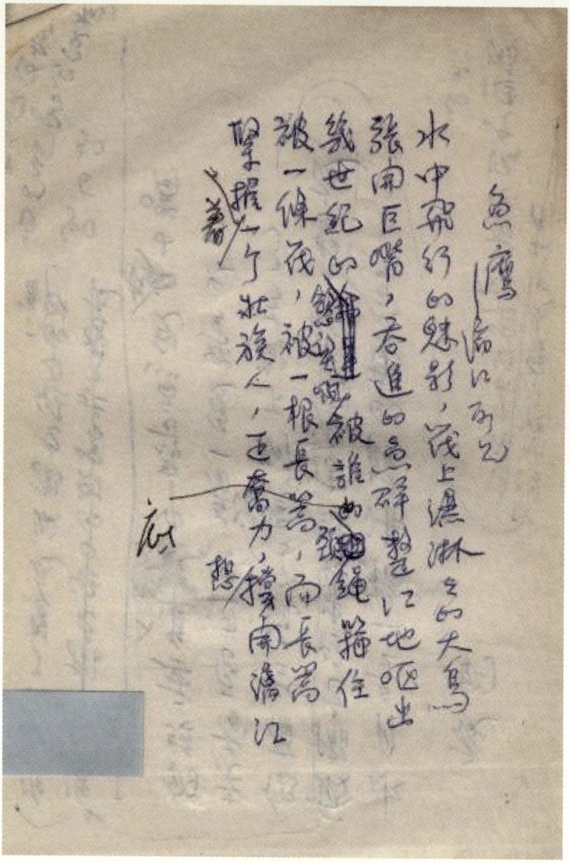

〈魚鷹〉 手稿

불을 빌리다

그 무엇이 담배보다 더 섬세한가
저렇게 많은 머리카락 순간에 생겨난다
예사롭지 않은 화학의 물리
매우 복잡하게 얽혀있는 것 같은 사랑
누에가 오물오물 내뱉는 선(禪)과 같다

借個火

還有什麼比煙更纖細的
那麼多髮萌發於瞬間
非常化學的物理
如糾纏十分鐘的愛
如一隻蠶囁嚅吐出的 禪

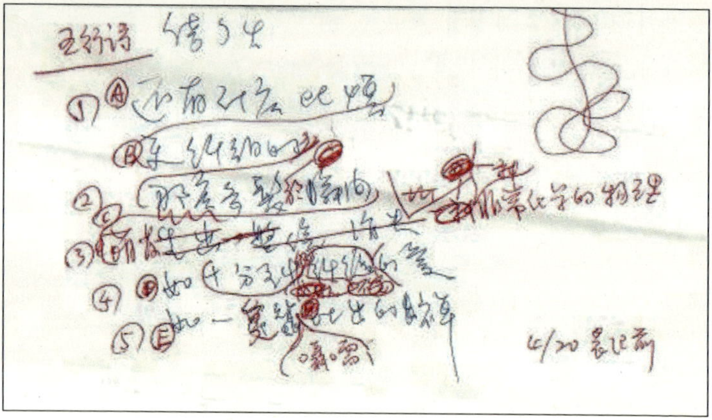

〈借個火〉手稿

흰 구름 한 조각이 호심을 맑게 한다

흰 구름 한 조각이 호심을 맑게 한다
날개 치며 수영하여 건너가는 새 그림자 몇 개
새의 지저귐이 온 호수를 졸졸 흐르게 하고
조그마한 지진, 뭇 산들을 좌불안석케 하여
취한 곰처럼 잇달아 넘어지게 한다

一朵白雲抹亮了湖心

一朵白雲抹亮了湖心
奮翅游泳過去幾隻鳥影
鳥的叫聲使整座湖淺淺
淺淺的地震, 群山坐不住
醉態之姿一隻隻倒頭栽入了

촛대

대나무 숲은 광풍 속에 봉두난발하고
유령은 낙엽을 차내며 자신의 발자국을 찾네
온 산에 창문위의 빨간 촛불만이
깜박이지도 않은 채, 어둠에 떨고 있네
유리창 위의 아름다운 빛은, 불에 탄 그림자

燭台

竹林在狂風中甩著滿頭亂髮
幽靈踢起落葉尋找自己的脚印
整座山只有窗台上那根紅蠟燭
眨也不眨眼，驚呀於黑暗中
玻璃窗上一個亮麗，惹火的身影

태풍 1

형광막 위에 떠왔다가 다시 사라져 가는 나쁜 공
아래로 떨어진 공은 홍콩에 도착하고, 위로 흩날리는 공은 소주, 항주로 들어간다
문과 창은 휘파람 부는데 회오리는 벌써 대만을 미치광이로 몰아넣었다
허리펴고 방망이 흔드는 나무 하나도 없는데 망망대해에서 누가 투수인가?
위성은 눈 비비며 소리친다, “조심해! 또 하나의 변화구가 몸 옆으로 내던질 수 있으니까!”

颱風 1

螢光幕上幽浮來又幽浮走的，是個壞球
下墜球會到香港，上飄球則入蘇杭
當門窗都被吹成口哨，螺旋早把台灣捲入瘋狂
沒有一棵樹挺腰揮棒，茫茫大海中誰是投手
衛星揉眼看，小心！又一顆變化球側身投出

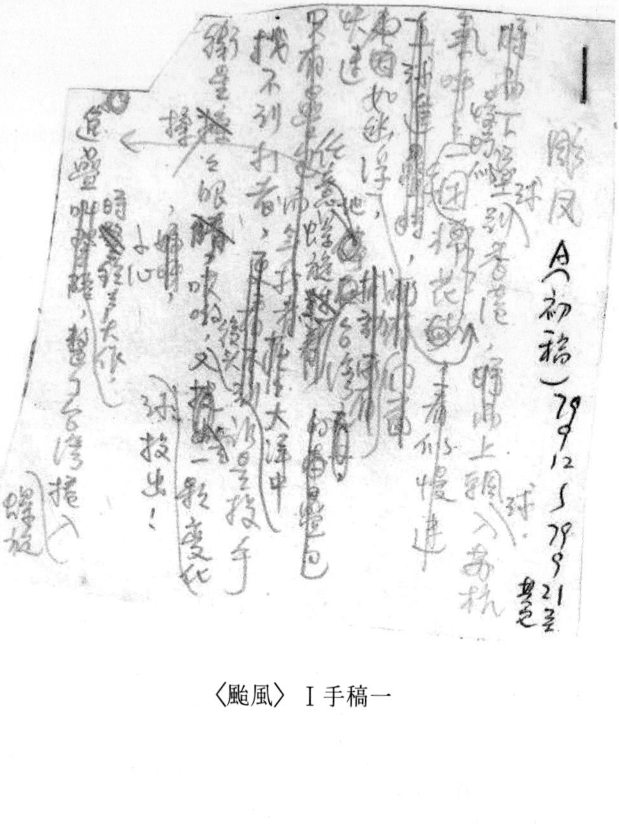

〈颱風〉 I 手稿一

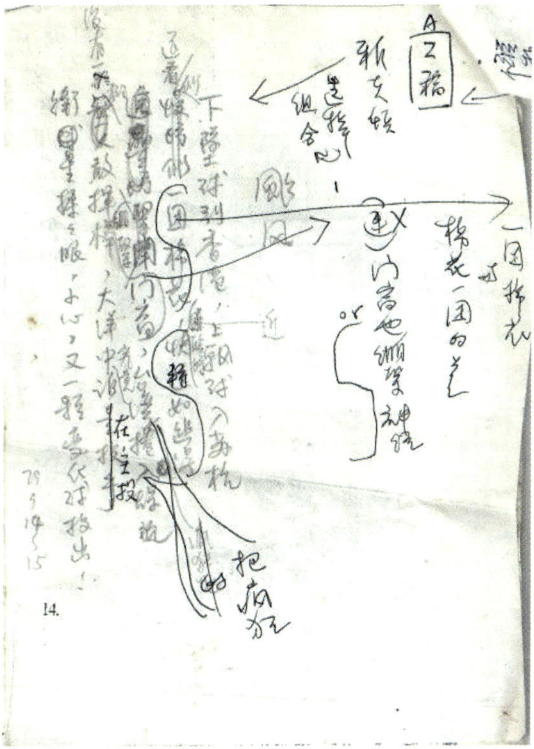

〈颱風〉 I 手稿二

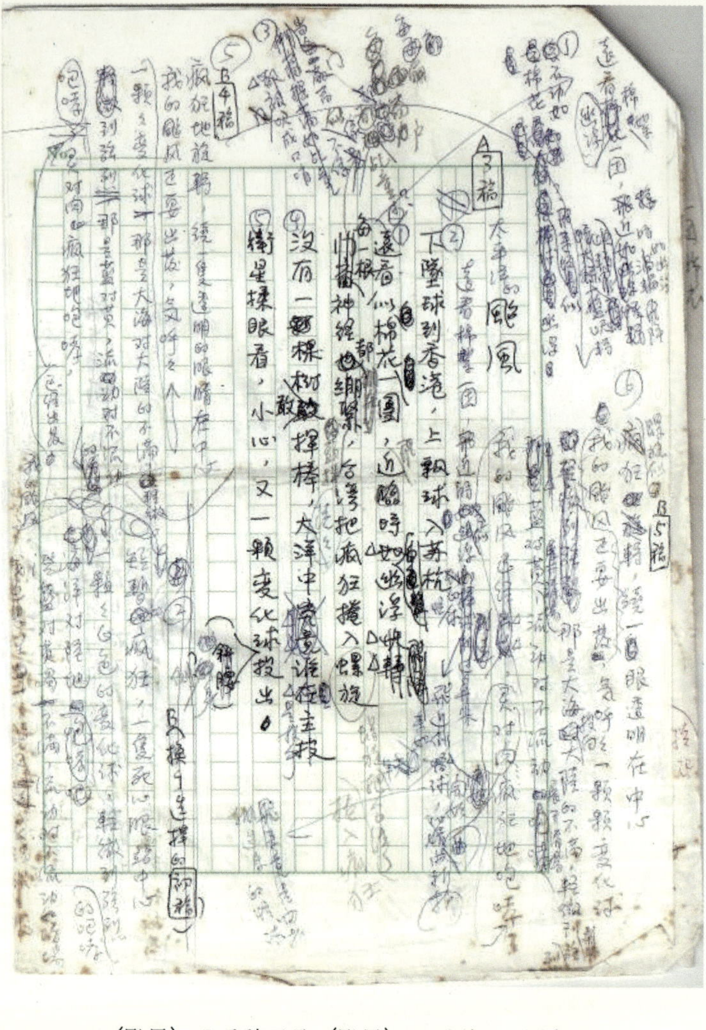

〈颱風〉Ⅰ手稿三及〈颱風〉Ⅱ手稿一, 四與五

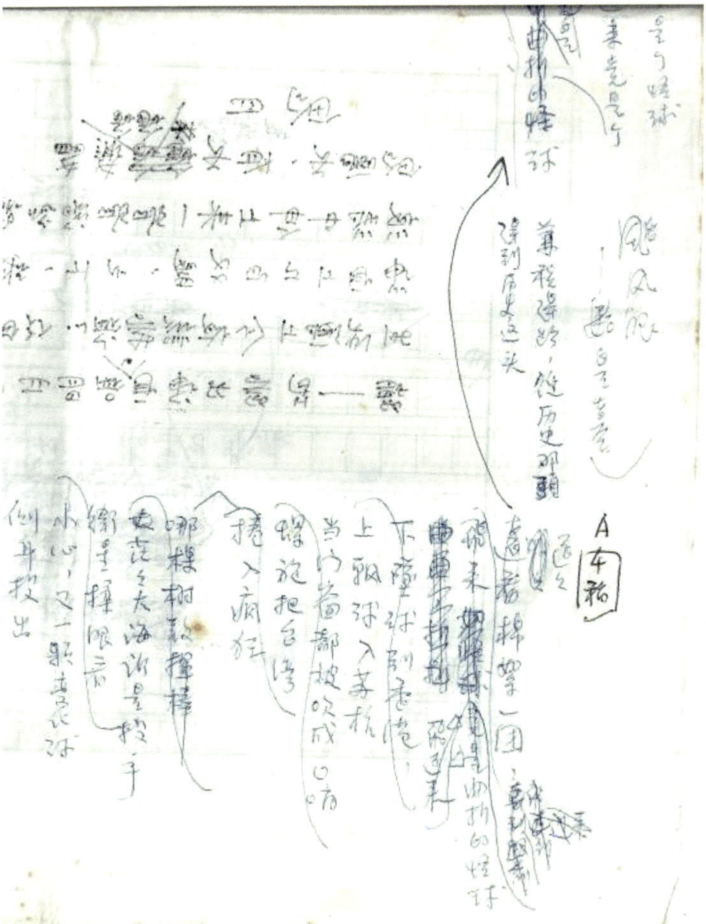

〈颱風〉 I 手稿四

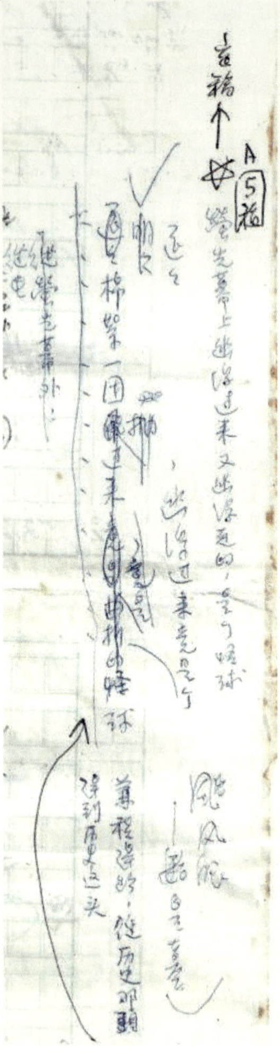 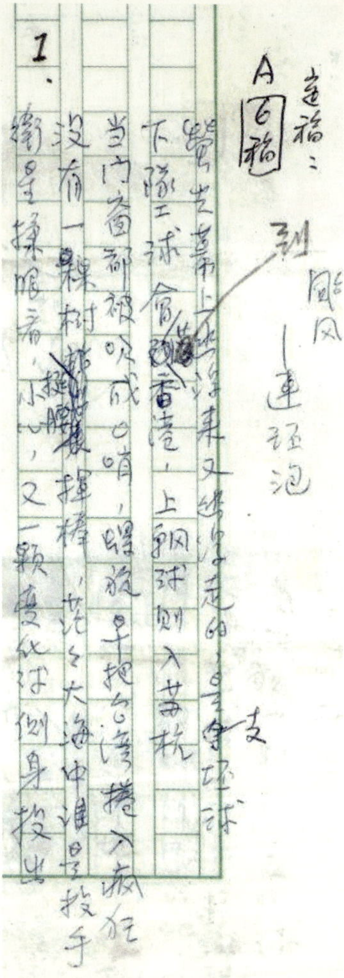

〈颱風〉 I 手稿五及六

태풍 2

시속 600Km의 비바람을 끌어 모아 공으로 만들어, 바다는 원정을 나가려 한다
태풍의 중심에 자애롭고 투명한 눈을 숨기며
용감하고 힘이 센 것을 좋아해, 늘 원망을 끌어 모아, 천리를 마다 않고
매섭게 한번 공격하니, 바다 대 육지, 움직임 대 머무름
정신 대 육체, 천군만마의 으르렁거림과 짓밟음……

颱風 2

把六百公里的風雨摟成一球, 海要遠征
狂飆的中心藏著慈祥透明的眼睛
愛要孔武力, 總是摟著恨, 不懈千里
狠狠一擊, 大海對大陸, 流動對不流動
靈對肉, 千軍萬馬地咆哮, 踐踏……

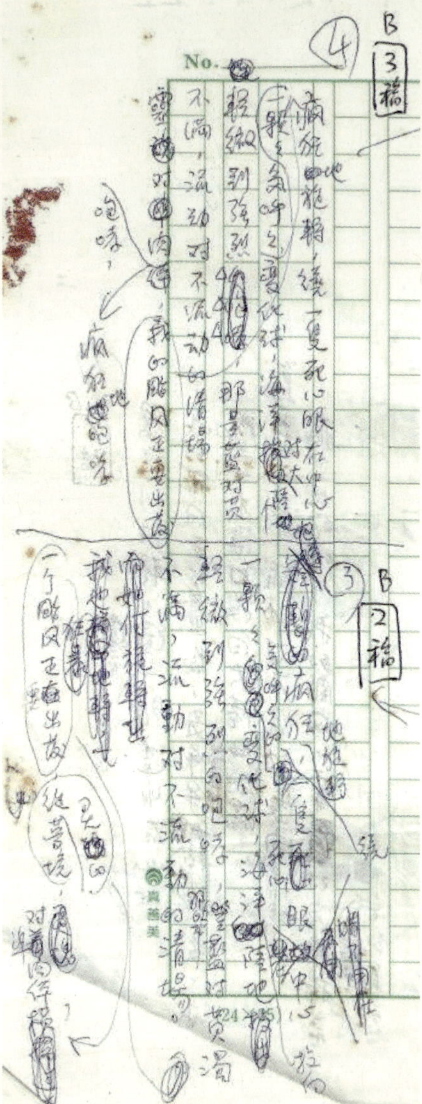

〈颱風〉 Ⅱ 手稿二及三

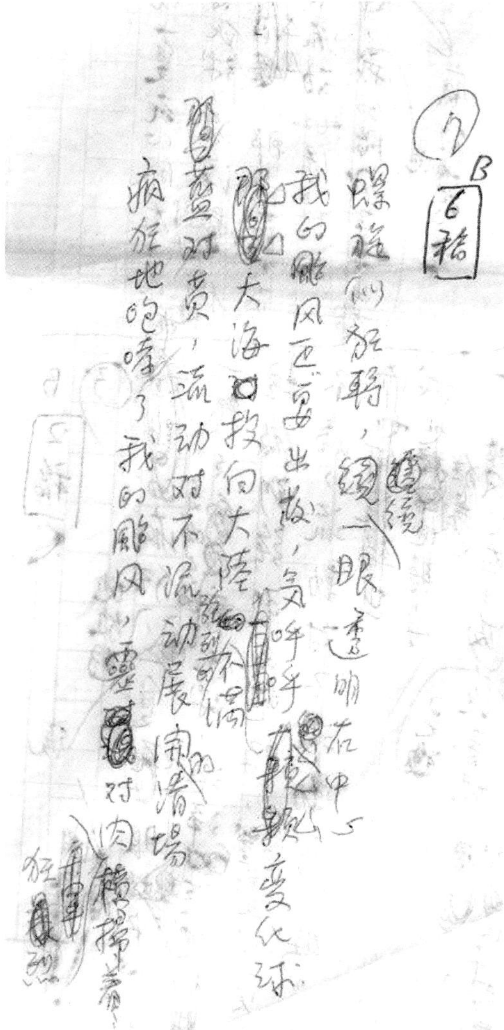

〈颱風〉 Ⅱ 手稿六

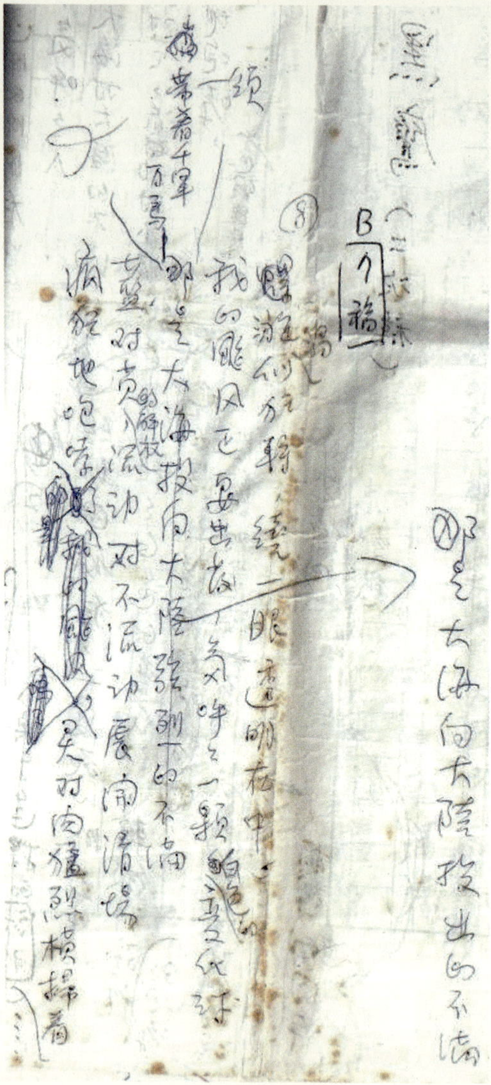

〈颱風〉 Ⅱ手稿七

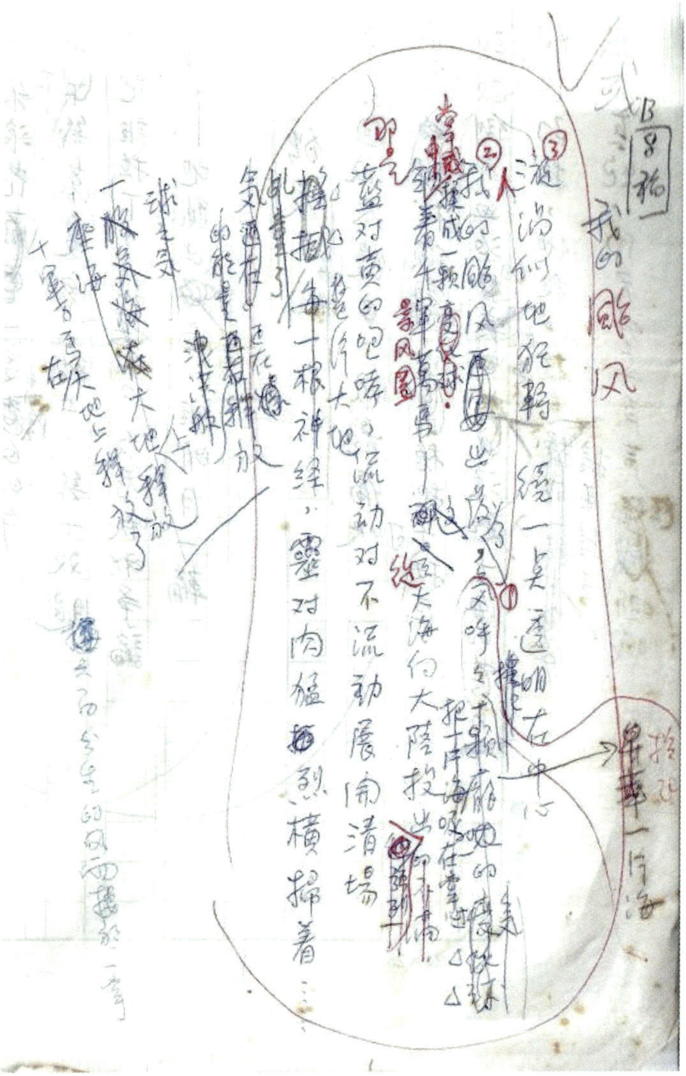

〈颱風〉 Ⅱ 手稿八

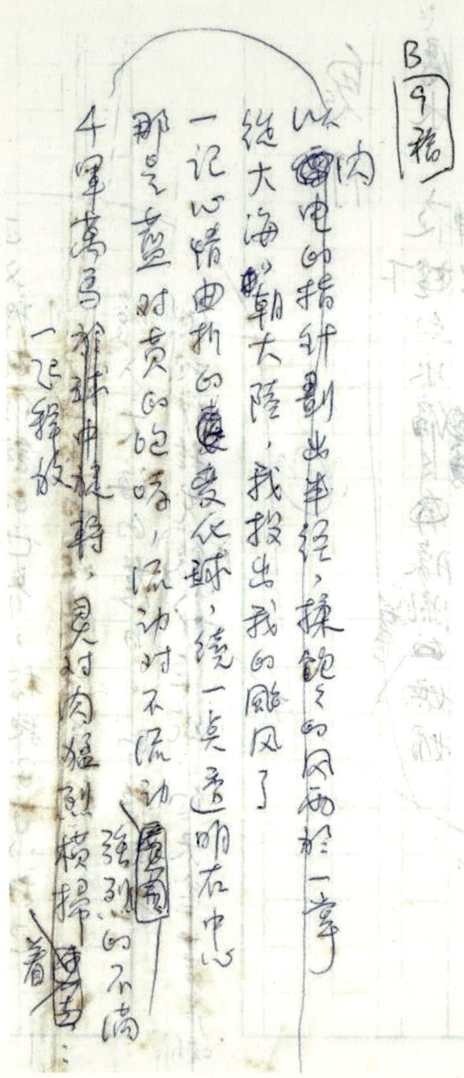

〈颱風〉Ⅱ手稿九

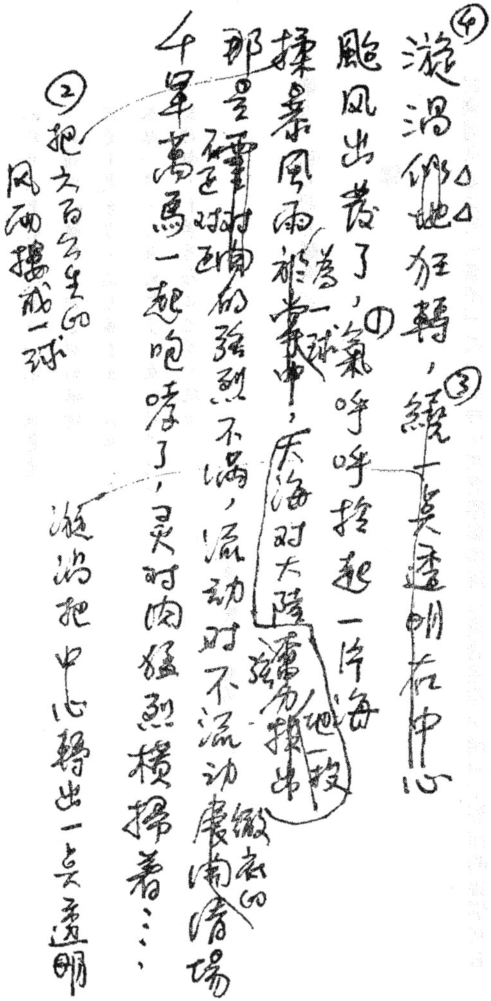

〈颱風〉 Ⅱ 手稿十

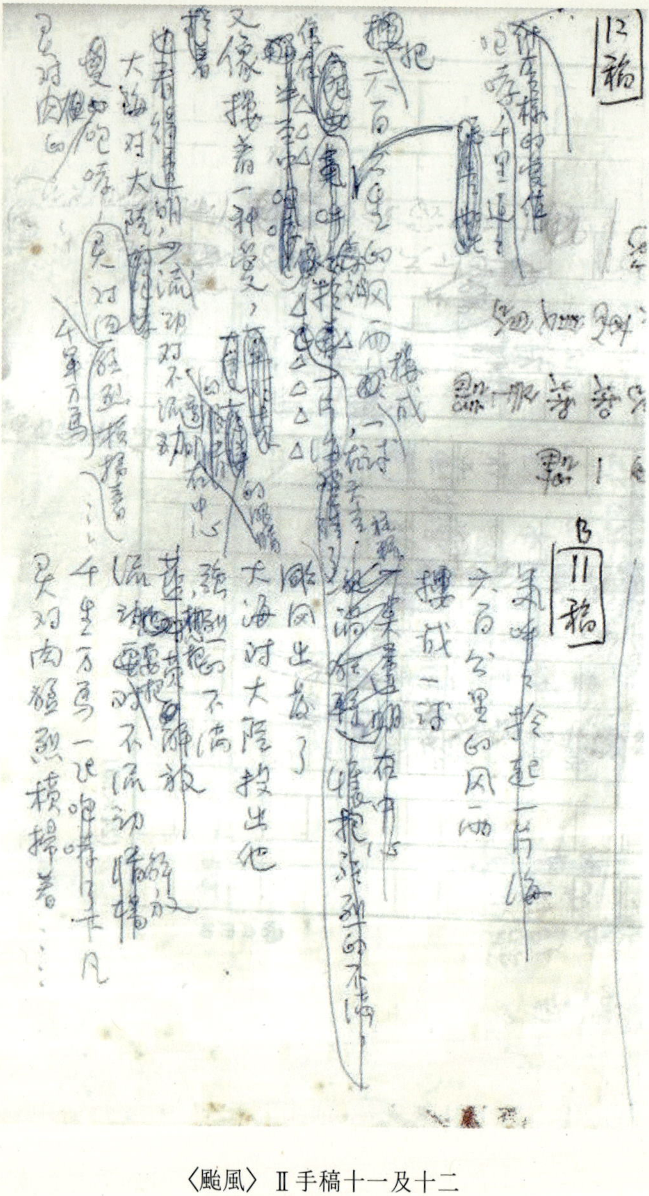

〈颱風〉Ⅱ手稿十一及十二

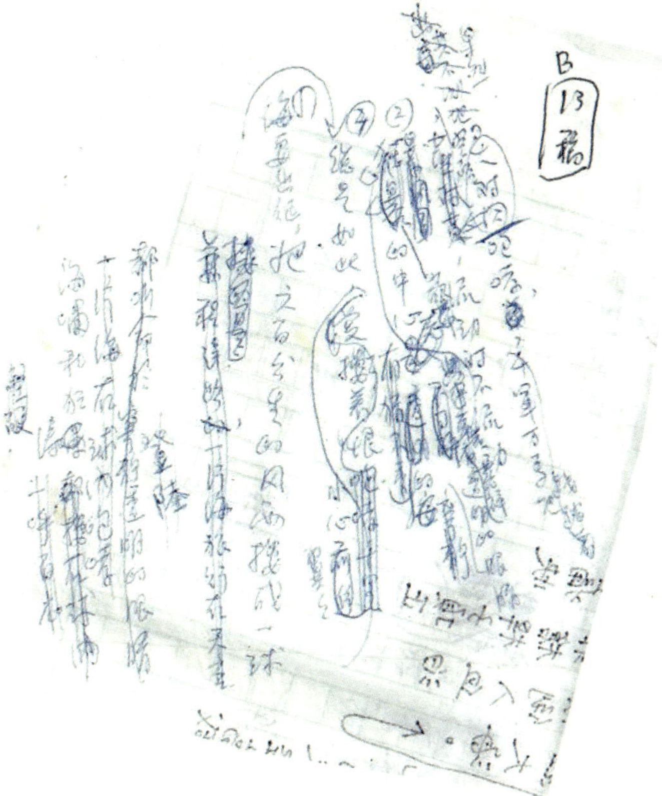

〈颱風〉 Ⅱ手稿十三

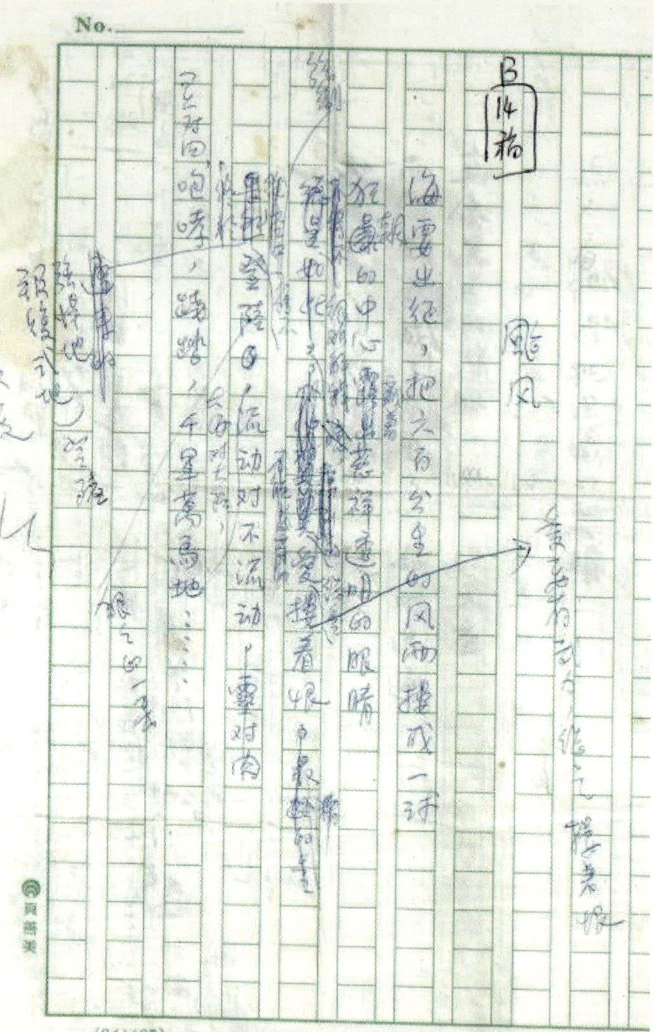

〈颱風〉 Ⅱ手稿十四

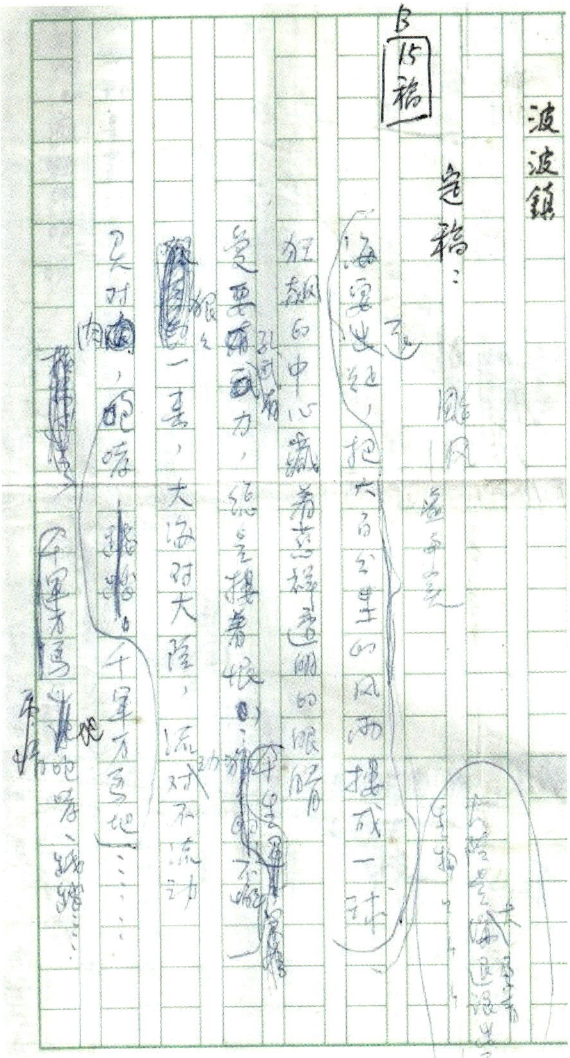

〈颱風〉 Ⅱ手稿十五

외로운 남자

—— 사담 후세인

사랑의 응답은 너무 늦고, 미움이 가장 통쾌해
정의가 구루병에 걸린 세상, 총자루로 바로잡을 수 있지
피바다에 쓰러진 머리는 바다에 굴러들어간 석양과
아름다움을 견주는데. 알라 알라
그는 이라크를 거대한 대포의 먹이로 주고, 하늘 향해 소리 높여 외친다

獨夫

—— 海珊

愛的回收太慢, 恨最痛快
正義佝僂的世界, 槍把子可以扶正
倒入血泊的頭顱, 比美於
滾入大海的落日. 阿拉阿拉
他把伊拉克餵入巨炮, 向天空聲聲嘶喊

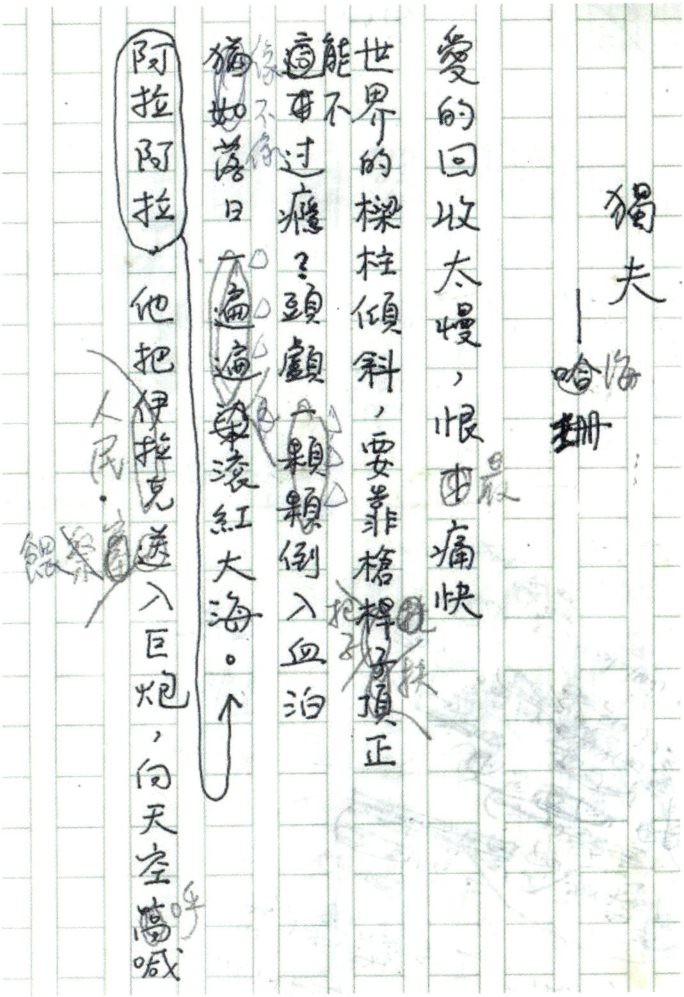

〈獨夫〉手稿一

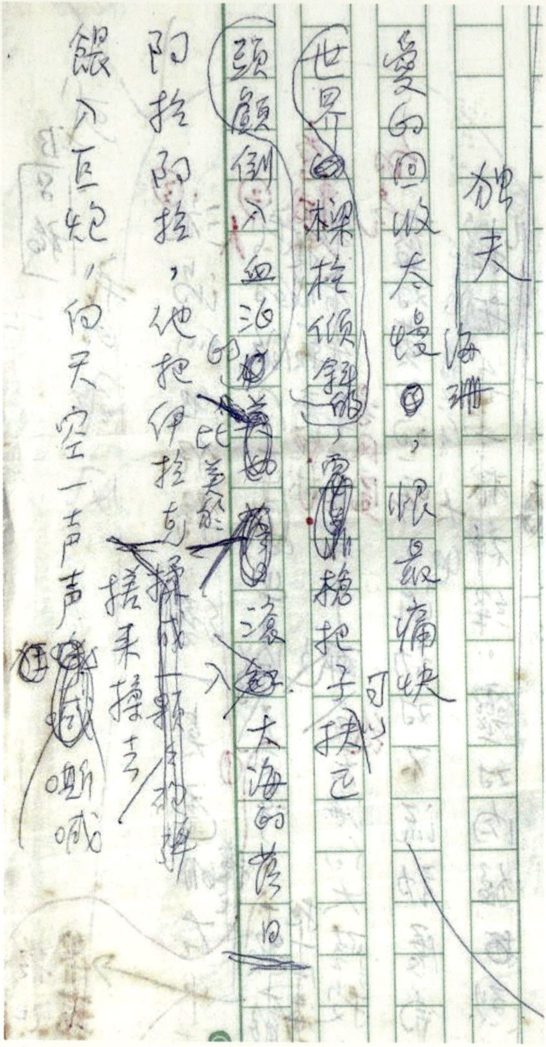

〈獨夫〉手稿二

의지

전사들은 쥐죽은 듯 고요하다
불길이 맹렬히 일어나는 전당에 모여
신 앞에 베어 놓은 귀와 발을 바치고
그리고 벌겋게 달군 심장과 간
그것을 명명할 수 없어 역사적으로 '시'라 부른다……

意志

戰士們鴉雀無聲
齊聚於火光沖天的殿堂
在神前獻上割下的耳朵，和腳
繼之以灼烤後的心肝
那無以名之而歷史上稱之為「詩」的東西……

등롱

이따금 딱따기 소리 온 촌락을 가라앉히고
눈을 감은 세상은 개 짖는 소리에 몸을 뒤척인다
잠을 이루지 못한 청개구리 튀어나온 눈 뱅글뱅글 도니
연못 위의 등롱 하나, 연못 속의 등롱 하나
야경꾼은 흔들리는 꿈 하나를 들고 있다

燈籠

幾聲梆子敲沉了整座村落
已合眼的世界在狗吠聲中翻身
一隻失眠的青蛙凸眼滴溜溜轉
池上一個燈籠，池底一個燈籠
敲更人提著一個晃動的夢境

호숫가 산사에서 종소리를 들으며

시름이 아직 해결되지 않은 상태
저녁 종이 울려 퍼진다
바람은 수면을 스쳐 지나가고
그 잔잔한 물결은
종소리가 걸어간 흔적이라 생각하네

湖邊山寺聞鐘聲

心事懸而未決
晩鐘就響了
風拂過湖面
那細細的漣漪
想是鐘聲步行的痕跡了

억재금성*

억년의 웅심으로도 금성을 삼키지 못했는데
도망갈 수 없는 벽, 한 지방의 역사를 에워싸고 있다
묶기 힘든 서쪽의 조수는 뒷짐을 지고 멀리 갔는가?
하늘이 뿌옇기를 백년, 누가 내 가슴에서 떠나갈 수 있는가?
렌즈를 닫아도, 여전히 잠들 수 없는 영원함

億載金城

億載雄心竟嚥不下一座金城
逃不走的牆圍住一方歷史
難纏的西潮背手遠去了嗎
陰霾百年, 誰能從我胸口移開
鎖入鏡頭, 仍是睡不著的永恆

* 대만에 있는 지명 이름

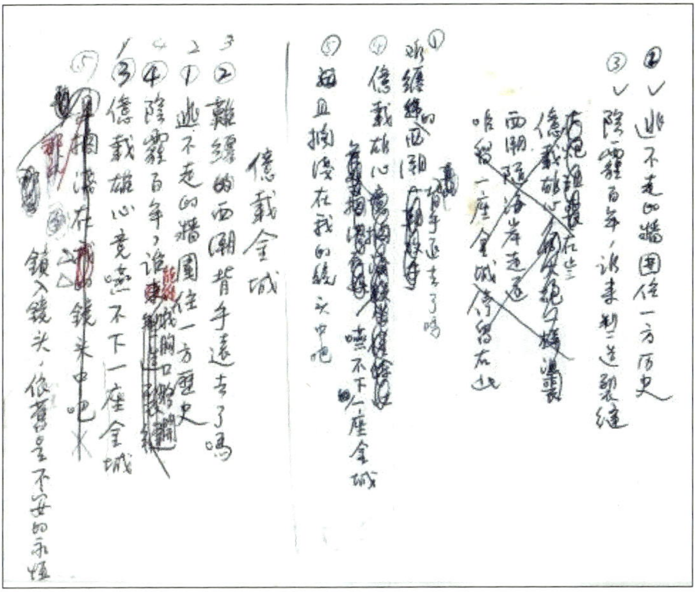

〈億載金城〉手稿一

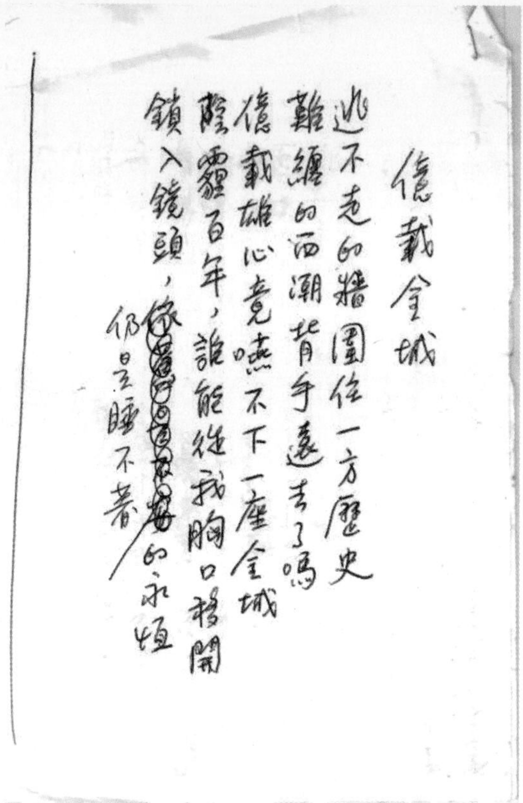

億載金城

逃不走的牆圍住一方歷史
難纏的西潮背手遠去了嗎
億載雄心竟嚥不下一座金城
陰霾百年，誰能從我胸口移開
鎖入鏡頭，仍是睡不著的永恆

〈億載金城〉手稿二

오후의 뜨락

햇빛의 금삽은 오후의 적막을
파내어 오래된 우물로 만드네
종소리 땡땡땡 작은 뜨락을 잠기게 하고
낮잠 자던 나뭇가지의 그림자 산호처럼 깨어나네
날아가려던 나비는 물고기 지느러미처럼 나풀나풀

午院

陽光的金鏟子把下午的寂寞
挖成一口古井
鐘聲淙淙淙淹沒小院
午睡的枝影珊瑚般醒轉
飛起的蝴蝶魚鰭似搖搖擺擺

가을날

여름을 전부 모았다
대지는 갑자기 손바닥 가운데에 나뭇잎을 한 번 풀고
벌거벗은 나무는 할 수 없이 검을 뽑고 활시위를 당긴다
석양은 낙하산을 가져오는 것을 잊고
——묵직하게 나뭇가지를 꽂았다

秋日

收集了一整季夏
大地突地把掌中樹葉一次放 鬆
赤裸的樹不得不劍拔弩張了
落日忘了帶降落傘
——重重地插入枝枒

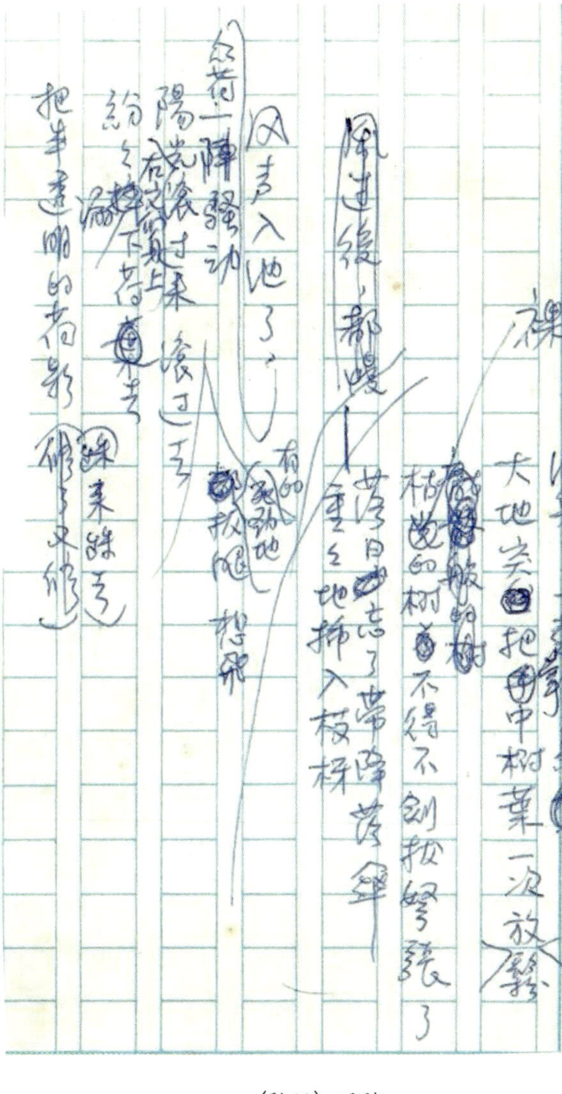

〈秋日〉手稿

붉은 연꽃

—— 서호를 거닐던 기억

한 주전자의 안개를 들고, 서호의 새벽 위에 뿌리면
미풍은 순조롭게 불고, 연잎이 있는 높은 누각에 분분히 흩날려 내린다
사랑에 빠진 그 사나이의 눈빛, 오! 항주사람보다
더 항주 같아 막 피어난 붉은 연꽃처럼 아름답네
그대가 연꽃을 딸 필요 없이 자신이 호수에서 그대의 가슴으로 뛰어 들어가리

紅荷

—— 憶遊西湖有贈

提著一壺霧 澆在西湖的早晨上
微風順手一推 紛紛從荷葉的高樓瀉下
那漢子癡癡的眼神 唉 比杭卅人
還杭州 剛打開的那朵紅荷完美得
不勞你摘 自己從湖面 跳入你懷

거꾸로 선 그림자

오후 내내 기다린
산, 언덕, 그리고 나무
모두 물에 비추인다
오로지 새는 지지배배 지지배배
원망하며 운다 : 거꾸로 설 수 없네, 거꾸로 설 수 없네

倒影

等了一下午
山, 岸, 和樹
什麼都鏡在水中了
只有鳥聲啾啾啾
埋怨着 : 無法倒影無法倒影

병마용

행성이 폭발한 후, 빛은 여전히 비행하고
시공을 초월하여, 너와 나의 눈동자를 찌르리
지금 쉬는 찰나에, 돌아보는 것도 무방하니
그 득의양양한 것을 보아라
어떻게 용상에서 떨어졌는가를

兵馬俑

星球爆燬後, 光芒猶在飛行
穿越時空, 也將刺穿你我的瞳孔
此刻正稍息, 不妨回頭
看那趾高氣昂的
怎樣從龍榻上墜落

송강시원에서 본 것

지상에 깊게 새겨진 나의 시
그들은 발자국과 그림자로 읽고
그들은 나의 시 위에서 춤을 춘다
나의 시는 밝아졌다 어두워졌다 하는데 떠들썩하게 찬탄하며

내 시의 그림자를 적시며 사방팔방으로 떠나간다

松江詩園所見

地上深深地刻著我的詩
他們用脚印用影子閱讀
他們在我的詩上跳舞
我的詩忽明忽暗, 震動且讚嘆

或四面或八方去了那些沾了我的詩的影子

차 우리기

네다섯 개 찻잔이 배 불뚝한 차호를 둘러싸고
한가로이 우리에게 차향 띤 입김을 토해내고 있다
웃음 가득 입을 여니
물소리 줄줄줄 한꺼번에 흘러들어가
모락모락 김은 찻잎 속 햇빛을 열어 젖히네

泡茶

四五茶杯圍著大肚子茶壺
閒閒地吐著我們帶茶香的口氣
連笑意都胖起來，才開口
就泊泊泊簇擁著水聲注入
而蒸騰的煙正解開茶葉裡的陽光

3부

물은 물고기를 따라 자유롭다

별똥별

유성 하나가 땅에 떨어지면 얼마나 눈들을 밝힐 수 있을까?
이 세상에 이보다 더 장렬한 불새가 있겠는가?
마지막까지 불타며, 잠깐의 연기로 흩날리는데
하지만 누가 알랴, 유성의 마음이 적막한
지구처럼, 뜨거운 상처 갈망한다는 것을

流星雨

一顆流星能劃亮地上多少雙眼睛？
這世間還有更壯烈的火鳥嗎？
燃燒到最後，飛成輕煙一陣
但誰能明白，流星的心如寂寞的
地球，都渴望被燙傷

고양이 1

야옹 — 그 긴 울음
깜깜한 도시
천 갈래의 텅 빈 골목에서
만개의 목구멍을 내밀며
함께 외친다: 봄

貓 1

喵的一長聲
黑魆魆的城
空出千條巷弄
伸出萬條喉嚨
一起叫：春天

고양이 2

영원한 두 살
영원한 시
영원한 부드러움
영원한 영리함
깊게 깊게 숨긴 발톱

貓 2

永遠兩歲
永遠的詩
永遠滑柔
永遠俐落
藏得深深 爪

시를 탈고한 후에

양손으로 힘겹게 쫓아간 건반
혼미한 두드림 속에 입맞춤을 느끼고
햇빛의 뜨거움에 상처 당한 안개는 목숨 걸고 태양을 향해 날아간다
용은 바람을 말아 지나가고, 풍성한 진흙 땅 비어있다
참을 수 없다, 여전히 목구멍엔 종자 한 알 가볍게 떨어짐을 참을 수 없다

詩脫稿後

被一雙手苦苦追趕的琴鍵
在昏迷的敲擊中感覺被吻
遭陽光燙傷的霧拚命朝陽光飛去
龍捲風一過, 豐厚的泥土空白著
禁不起, 唉仍禁不起一顆種子輕輕的 降落

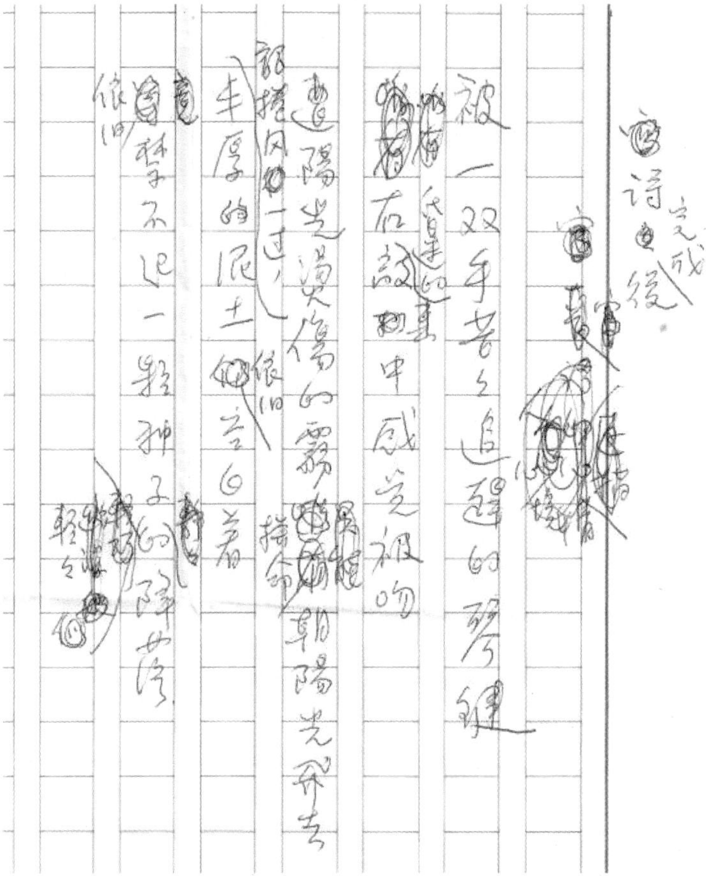

〈詩脫稿後〉 手稿

매

아무도 도달할 수 없는 산봉우리
그대 위해 오묘한 천지 하나를 쌓아 놓았다
산봉우리의 우뚝 솟은 그림자, 그대 못지않게 가벼이
날아가네, 천지를 인솔하여 창공 깊숙이 들어가며
나와 잠영하는 물고기, 빛 그림자에 놀라며 서로 만난다

鷹

在無人可及的峰巒之巔
為你貯好一潭靜謐的天池
峰峰挺拔的倒影，盡不如你輕盈地
一飛，帶領天池進入藍空的深邃中
並與我潛游的魚兒啊，以光影驚嘆地相遇

누워있는 레닌 동상

— 모스크바에서 보다

손가락 끝에 구름을 걸고
손 씻던 날들을 자주 생각한다
이제 눕혀져 있는 신목 한 그루
코끝은 여전히 남아있는데, 하지만 그 위에는
가려운 곳을 긁는 비둘기 한마리만 있을 뿐

躺下來的列寧像

— 莫斯科所見

常常想起用指尖勾住一朵雲
來洗手的日子
如今是一株被放倒的神木
鼻尖猶在，只是上面站著一隻
雙腳正輪流抓癢的鴿子

들다

몇 명의 시인을 들춰보면
누가 이 시대를 들고 미래로 날아갈 수 있을까?
누구의 마음에 놓을까? 무엇을 풀까?
그러나 어느 날 새벽, 몇몇 작은 나비들이
꽃밭 전부를 들고 날아간다

拎

得拎起幾個詩人
才夠拎起這時代飛到未來？
放在誰的心頭？解開什麼？
但纔一個早晨，幾隻小蝴蝶
就拎起了整座花園，飛走

그림자

—— 대만의 오사마빈라덴

누가 매의 날개를 부러뜨리고
사자의 발톱과 이빨을 빠지게 할 수 있을까?
그 사람 세월을 보내며 방법을 모색한다
땅에 움푹한 그림자를 묻으니
본심을 헤아리기 어려워 조심스럽다, 블랙홀

影子

—— 台灣的奧薩瑪·賓拉登

誰能叫蒼鷹析下翅膀
獅子卸下爪牙
那人走進每一歲月, 都設法
在地面埋下一池池影子
翼翼如埋下居心叵測的, 黑洞

연꽃

연꽃이 마음속에 잠들면, 바로 부처
어린 스님이 좌선하다 깨어나
가슴의 그 연꽃을 떼어내고
훌쩍 가지 꼭대기에 뛰어 올라, 두 손으로 합장하니
연꽃 한 송이 닫혔다

蓮

蓮睡在心中，就是一尊佛了
小和尚打坐醒來
取下胸口那朵蓮
縱身跳上枝梗頂端，雙掌合
十，便闔起了一朵蓮花

물은 물고기를 따라 자유롭다

물고기는 물이 움직이고 싶은 눈
물고기는 별 하나 수영해서 오듯이
같은 자리에 영원히 멈춰있지 않는다
함께 움직이는 물고기 떼는
함께 움직이는 은하계

水因魚而自由

魚是水想轉動的眼睛吧
一條魚像一顆　星　游　來
從不在同一位置停留
運動的魚群即
運轉的星系了

관세음

법열을 손가락으로 집고
지혜는 거꾸로 인간세로 들어간다
향은 꽃에서 떠나 날아가고
웃음은 얼굴에서 떠나가니
담담할수록 더욱 장엄하구나

觀世音

法喜拈在指上
智慧倒入人間
香　離花而飛
笑　離容顏而去
越淡　越莊嚴

돌

몇 억년 지난 돌 하나
며칠 동안의 꽃 한송이
몇 초 동안의 나무그늘 하나
바퀴벌레 한마리가 나와 돌 위에 앉아
알을 낳고 간다

石

幾億年一塊石頭
幾天一朵花
幾秒鐘一樹蔭
一隻蟑螂走來, 坐在石上
下了一窩蛋後走了

나비

나비가 한 송이 꽃 위에 서있다
어느새 보이지 않는다
숙였다, 일으켰다, 서쪽에 있다 동쪽에 있다
꽃을 보기 익숙하지 않은 듯
갑자기 꽃잎을 닫는다

蝶

蝴蝶站在一朵花上
待會兒就不在了
一俯一仰，忽西忽東
花朵看不慣
猛地闔上花瓣

늙은이

마음의 요철과 함께 걸어 온 발자국,
모두 하나하나 먼 곳에 보관하라고 건네주며
산은 한 산 한 산 큰 걸음으로 앞을 향해가고
왔던 길 은은하게 남아있는 불빛을 밟아 끄고
산봉우리에 서서, 그는 힘겹게 하품을 한다

老者

一路走上來的足印, 與心之凹凸
都一一交給遠方去收藏
山一座座大踏步向前
踩熄了來時路的隱隱殘光
立在山頭, 他打了個講究的呵欠

입술과 구름

오후의 구름을 뒤집고
겨우 한 송이 찾았다
가장 너의 입술을 닮은 것
다시 긴 생각을 짜 맞출 수 없는데
그것을 매달아 놓고 바람이 불어와 비비는 것을 보라

唇與雲

翻動一下午的雲
才找到一朵
最像你的唇
再長的思念都搆不著
讓它懸著吧 看風來回揑揉

웃는 구름

너의 웃음은 구름조각
너의 뺨에서 피어올라
나를 향해 흩날리고 나에게 부딪친다
나의 뺨을 포위하니
나의 웃음도 깨어나, 달콤한 구름이 된다

笑的雲朵

你的笑是雲朵
自你臉頰上飄出
飄向我　撞到我
包圍了我的臉頰
我的笑也醒來，甜成雲朵

귀월*

물에 속한 귀신, 밤중의 물은 유독 몽롱하고 아름다워
물보라가 하얀 손을 내민다
배 위의 다리 몇 십 쌍, 그 아래 몇 만의 귀신들
누구를 끌어내려야 하나? 누구를 바꿀까? 귀신들이 스산하게 쟁론하는데
펄쩍 수면위로 뛰어드는, 밝고 둥근 달

鬼月

鬼屬水, 夜下的水偏偏朦朧嫵媚
一朵浪花伸出一隻森白的手
船上, 幾十雙腿, 之下, 幾萬隻鬼
該把誰拉下？ 誰換上？ 眾鬼啾啾爭論
蹦——地跳出水面, 唯明月一輪

* 음력 7월

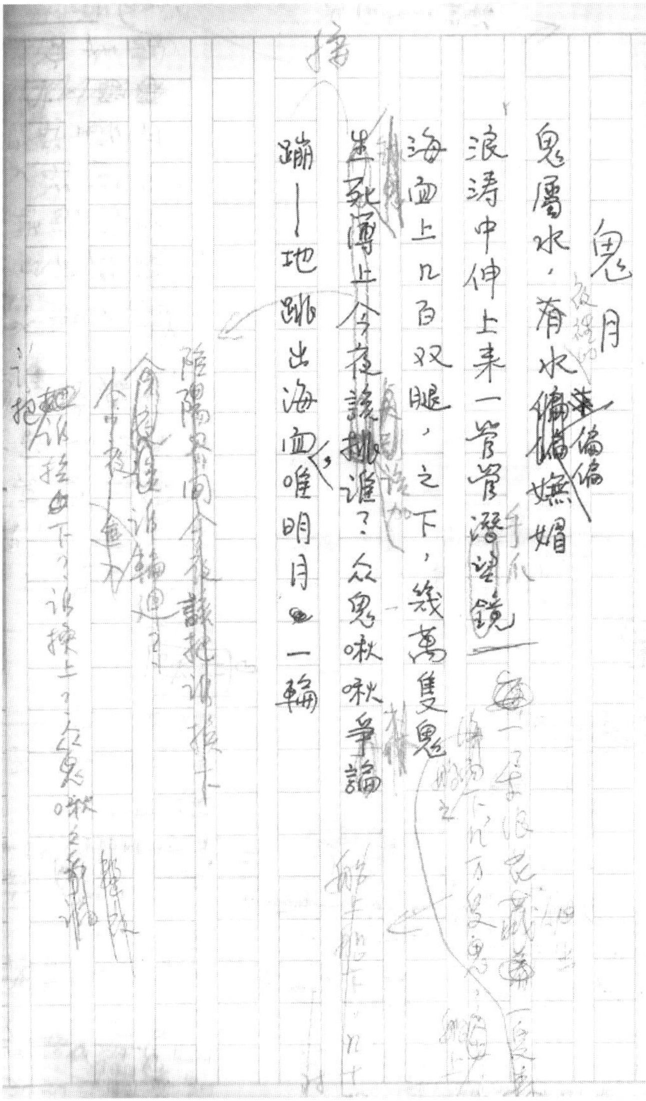

〈鬼月〉手稿一

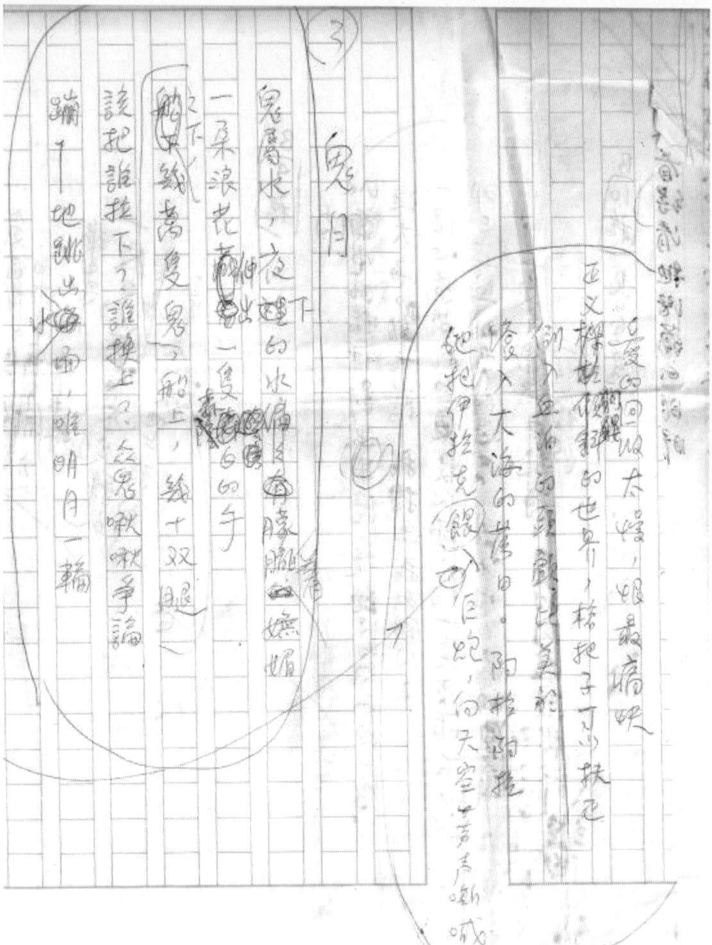

〈鬼月〉手稿二

손금

햇빛, 바람과 눈, 울음과 웃음
즐겁게 작은 배에 앉아, 한 척 한 척
운명을 싣고 가는 배가 파도 속으로 항해한다
아무리 멀리 저어가도 몇몇 산들은 더 멀리 멀리
구름 끝까지 뻗어, 은은함이 마치 부처의 손가락 같다

掌紋

陽光, 風雪, 哭和笑
興高采烈地坐進小船, 一艘艘
航入運著命的浪濤裏
不論划多遠, 總有幾座山遠遠地
伸出雲端, 隱約似如來佛的手指頭

호수

마지막 물결이 그대의 언덕으로 올라온다
호수에 던질 돌멩이도 없다
천천히 내린 가랑비 도중에 안개로 흩어지고
석양은 노을 빛으로 남고, 천상의 호수는
냉정하고 찬란한 대화를 준비한다

湖

最後一圈漣漪將爬上你的岸邊
再不會有石子投入湖中了
雨的流蘇下到半途都化散成霧
落日以一輪霞光，天上湖上
正經營一場冷靜而燦爛的對話

갈증

사랑의 갈증
입술은 알고 있네
태양의 목마름
사막은
선인장을 내밀어 대답하네

渴

愛的乾渴
唇知道
太陽之乾渴
沙漠
應回掌人仙出伸

4부

페트병을 논하는 것은 표류하는 지구가 페트병은 보나 저수지는 못 보는 것을 말함

고통

그대에게, 그것은 확실히 발자국일 뿐이고
밟고 다시 뽑으니, 순간에 완성될 따름이다
나에게, 그것은 이야기의 전부
몽상가는 전율하고
밀고 당기는 여생이 물결치며——찢어지는 고통

痛

對你, 那的確是個腳印而已
踩下再拔起, 不過完成於瞬間
對我, 那可是故事的全部
夢土震動著
被推擠的餘生一波波——坼裂地痛

팔달령에 올라

손을 내밀면 산맥 밖의 독수리 한 마리 잡을 듯 한데
밤이라면, 유성이 초원 위에 미끄러지고, 가파른 언덕에서 베이징으로 들어가겠지만
횡격막은 전쟁에 얽혀, 위 아래로 호흡하고 있다
누군가의 백골을 뜯어 먹는 푸른 풀, 바람은 깃발을 갈기갈기 찢는다.
지금은 몇 마리 검은 독수리의 그림자, 나그네의 몸 위에서 돌고 있다

登八達嶺

伸手幾乎抓得到嶺外的一隻老鷹
若在夜晚, 流星會滑草, 從險坡滑入北京
氣侯的一條横隔膜曾纏住戰爭, 曾上下呼吸
青草啃光了誰底白骨, 風聲撕爛了旗的紛箏
而今是幾隻黑鷹以投影, 在旅客身上巡邏

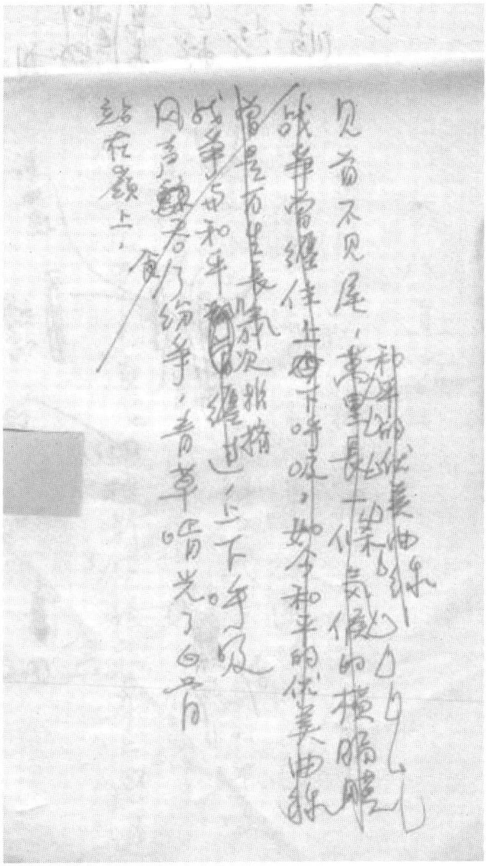

〈登八達嶺〉手稿一

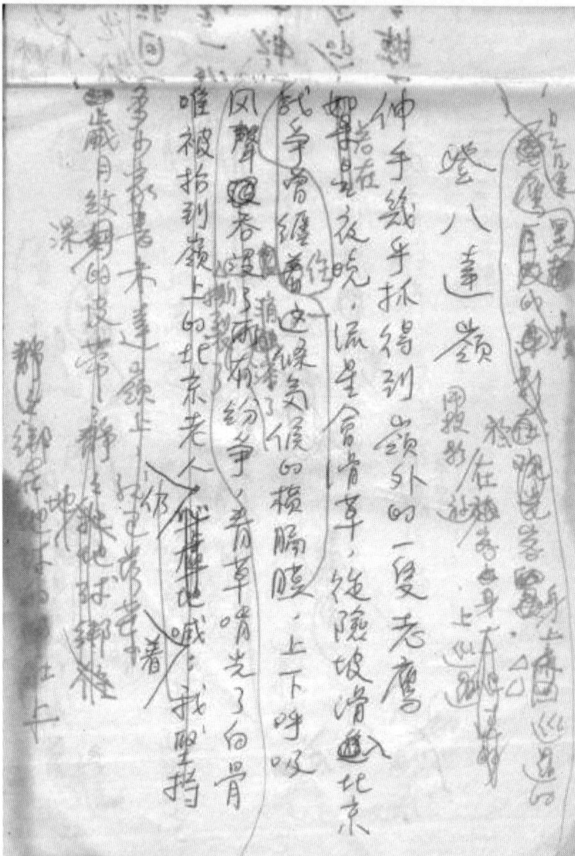

〈登八達嶺〉手稿二

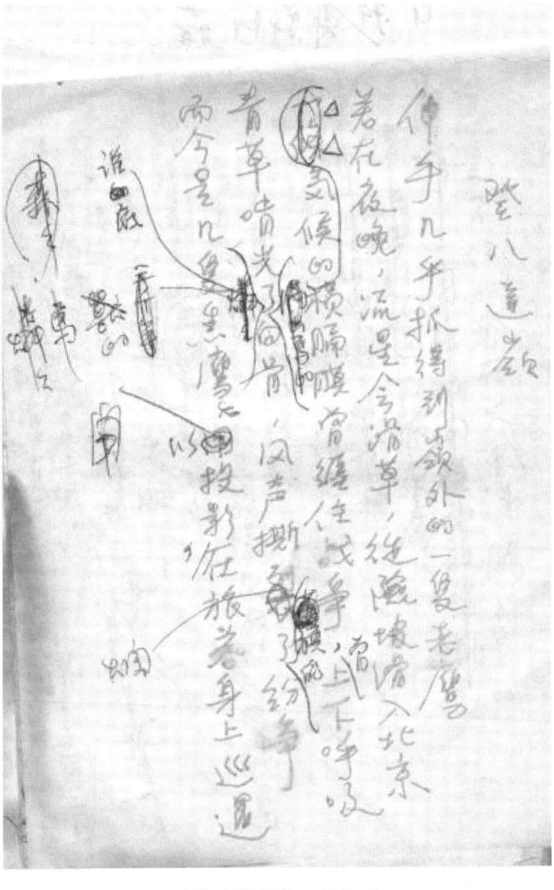

〈登八達嶺〉 手稿三

노래하는 사람

그녀의 목은 나의 불면의 원점
젖지 않은 노래 소리가 잠 못 이루게 하고
어제의 악몽, 흩날린다
비가 힘차게 내리는 밤, 제멋대로
내 왼쪽 귀와 오른쪽 귀의 작은 골목길을 맴돌고 있다

歌者

她的喉嚨是我失眠的原點
淋不濕的歌聲不肯成眠
像昨天的噩夢，飄過
雨溶溶的夜，恣意地迂迴於
我左耳與右耳的小巷之間

서호에 배를 띄우고

호수 가득 중국의 노쇠한 구름을 잔뜩 싣고
작은 배가 지나가면, 수천 년의 물고기 꼬리 문양
거꾸로 된 옛 그림자는 유람선에 부서진 후 되돌아오는데
버드나무 그늘 아래 행인은 항주를 걷는다. 있는 듯 없는 듯
소주방파제는 오래도록 푸르러, 호수의 연꽃을 받쳐 들고 있다

西湖泛舟

整面湖裝滿了中國衰老的雲
小船划過去, 幾千年的魚尾紋
古老的倒影被遊艇攪碎後又還原
柳煙下行人把杭州走得若有若無
蘇堤古蒼蒼, 只捧紅了半湖荷花

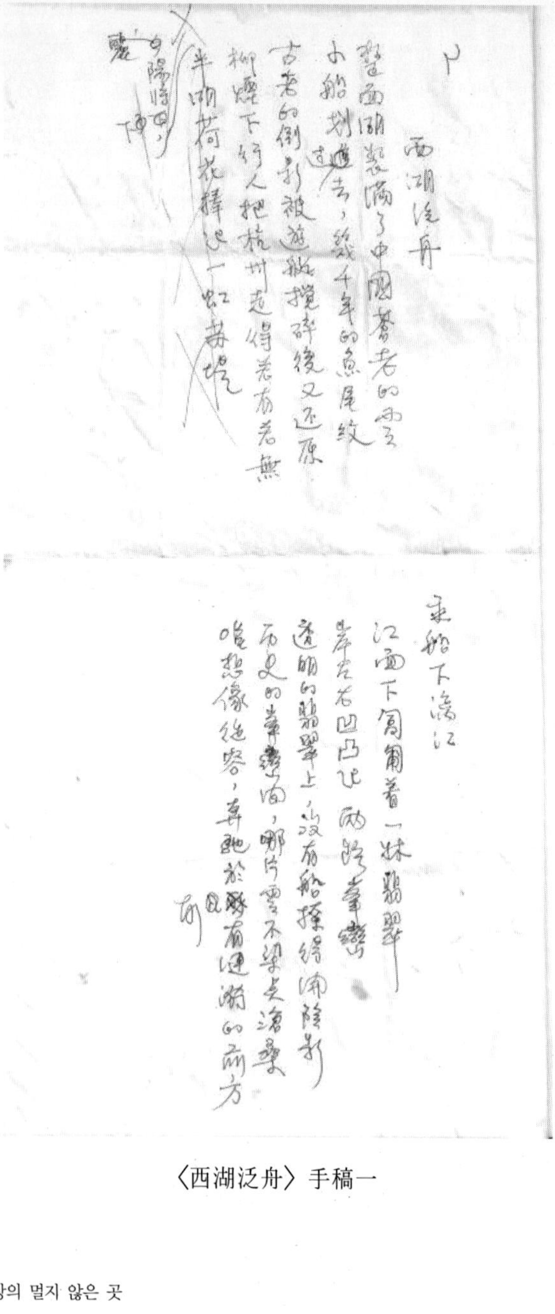

〈西湖泛舟〉手稿一

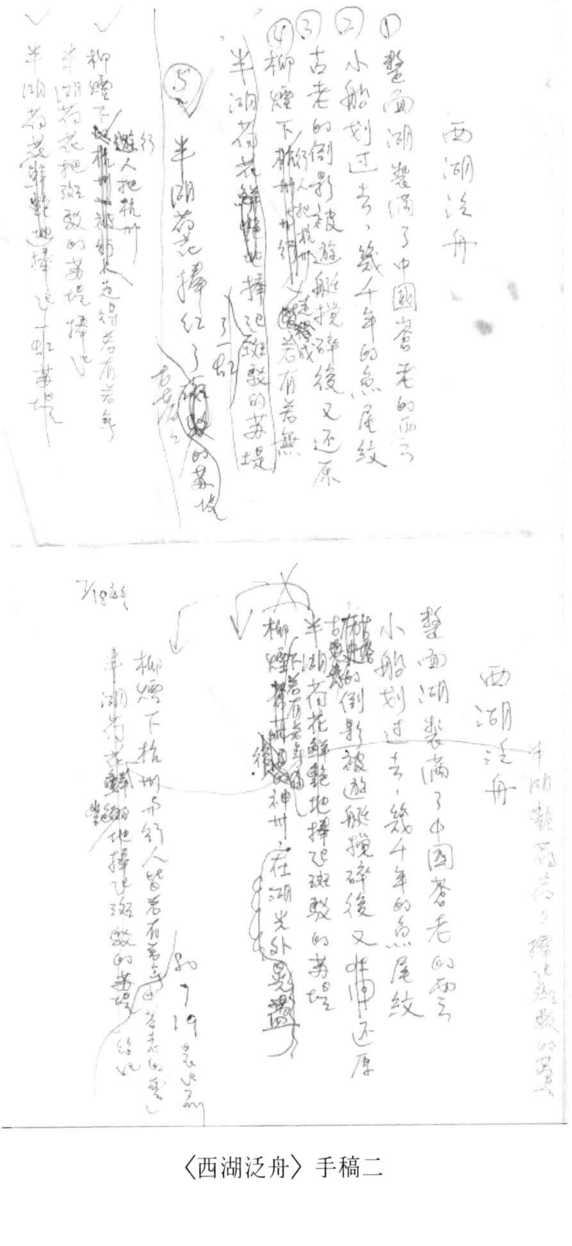

〈西湖泛舟〉手稿二

야영

겨울을 장작불 더미에 문질러 넣어 끓이는데
사방 들판에는 따뜻하게 덥히고 싶은 뭇별들이 들어오고 있다
바람이 노래를 부를 때 낙타 한 마리 하늘 끝으로 떠나가고
오직 몇 개의 음표만 남아, 숯불 위에서 삑삑 소리를 내니
천지간, 화로에서 붉게 타오른 꿈만이 에너지를 제공하고 있다

野營

把冬天搓入柴火堆煮沸
四野圍進來一群想煨暖的星星
當風聲將歌聲一首首駝到天涯
只留幾顆音符, 在炭火上滋滋作響
天地上下, 唯一爐燒紅的夢供應著能量

낚시

물속의 달은 끓어오르는 황금
시냇물은 밤새 품속의 재물을 걷어 들이는데 바쁘지만
몇몇 흐르는 금은 아래로 휩쓸려 간다
늙은이의 입술 근처에 반딧불 하나 멈추어
물속에 드리운 낚시 줄은 물고기의 작은 입을 찾는다

釣

水月是一輪沸騰的黃金
溪水忙了整夜收攏它懷中的財富
仍有些流金漂到下游去了
老者唇邊停著一隻螢火蟲
釣絲垂進水中尋魚兒的小嘴

불사르다

아쉬움은 상자 속에 넣고
사랑과 한은 초 심지에 불태우며
고통은 지장불에게
영원은 순간에 건네주며
어머니 당신을 불에게 건네준다.

焚

不捨 收入盒裏
愛恨 點成燭蕊
苦 交給地藏佛
永恆 交給剎那
母親 就將您交予火了

석가

"그대를 맞이하리" 부처님이 자비의 손을 내밀며 말한다.
"이것은 하늘로 가는 사다리가 아니라 엄숙한 걸음이니
한 걸음 한 걸음 밟고 올라오시오"

그의 손바닥은 바다처럼 넓어
10만8천리에 용솟음친다.

釋迦

「接引你」佛伸出慈悲手, 說
「這不是天梯是莊嚴的腳步
你一步一步踩上來」

但他的手掌　海那樣寬
十萬八千里的洶湧

페트병을 논하는 것은 표류하는 지구가 페트병은 보나 저수지는 못 보는 것을 말함

모든 녹조 위에는 반드시 장구벌레가 있고 그 위에는 반드시 틸라피아가 있다

모든 올챙이 아래에는 반드시 작은 새우, 그 아래에는 하루살이

저수지 위에 떠돌아다니는 페트병, 그 안에 담겨있는 세상은 모두 다르다.

모두 같은 세상, 그러므로 우주의 사방에서 이리저리 떠다니는

페트병, 모두 서로 다르지만 또 서로 닮고 또 서로 다른 지구들이다

論寶特瓶是漂浮的地球見寶特瓶未見水庫說

凡綠藻之上必是孑孓之上必是小吳郭魚, 或者

凡 蝌 蚪 之下必是小蝦米之下必是蜉蝣既然水庫

上 浪 蕩 的一支支寶特瓶內, 裝著的世界都不同

因 此 都 是相同的世界, 所以宇宙中四處漂浮的

寶特瓶, 一律是既互異又互仿又互異的地球們

거울을 바라보며

굳게 다문 두 열의 이, 혀는 비로소 자유를 얻고
바쁜 두 쪽 눈꺼풀, 눈은 영혼의 검은 상자와 같고
두드러진 코, 얼굴은 기차의 충동이 있고
어지러운 머리카락, 수많은 망상이 머리 아래에 숨고
그러나 어떤 사람은 거울처럼 자신의 삶을 가장 최고로 틀
지운다.

對鏡

堅定兩排牙齒　舌頭纔獲得自由
忙壞兩捲窗簾　眼睛才像靈魂的黑盒
挺出一管鼻子　一張臉纔有火車的衝動
撥亂一窩髮　纔好潛藏萬條胡思之蟲在下頭
但　有個人像面鏡子最好　把自己的活　框起來

발가벗음

구름, 발가벗음
말(馬), 발가벗음
시는 나의 구름
　나의 말(馬)
그대의 눈 속으로 날아드는 작은 새

裸

雲, 裸體的
馬, 裸體的
詩是我的雲
　我的馬
飛入你眼睛的小鳥

5부

욕망의 부드러운 복부를 움푹 밟는다

도자기 놀이

—— 잉꺼진 구경

미완성 도자기인 나, 당신의 손에서
발버둥 치며, 토하기를 갈망한다
도기의 목소리, 자기의 웃음소리,
마음은 이미 드러나 버렸고, 육체 밖에서
갈망한다, 불로 포위되기를

戲陶

—— 遊鶯歌鎮

素胚是我, 於你手中
掙扎, 渴望吐出
陶的喉音, 瓷的笑聲
心已裸裎, 於肉體之外
渴望, 火之包裹

별

은하수와 불
별과 별은
불 속에서 뛰는 원자와 원자,
회전문 사이로 엇갈려 지나가는
그대와 나

星

一條銀河一把火
星與星是
火中跳躍的原子與原子
是旋轉門間錯身而過的
你和我

조각상

—— 북경에서 보다

오만은 적당한 폐쇄성을 요구한다
수 억 사람들의 골수를 주입한다
동일한 머리 속에, 그 솟아난
이마는 절벽처럼, 마치 한쪽의 청사(青史)처럼 부풀어 올라 있고,
——날개는 활강하기 쉬운 고도

塑像

—— 北京所見

驕傲需要適度的封閉性
幾億人的腦漿都注入
同一顆頭顱，以致他挺出的
額頭飽脹得如斷崖，如一方青史
——羽翅都容易打滑的高度

달

둥그런 것——그들이 달이라고 부르는 것, 실은 저수지다
물을 담지 않고, 빛을 담는다, 낮은 수위 때 배가 되고
물이 가득할 때 북처럼 돛을 올려, 순식간에 어디라도 항해할 수 있다
지구가 언제나 앙망하는 저수지,
금빛으로 도금된다. 바다는 억누를 수 없는 그대 마음처럼, 밤새 환장한다

月亮

球型的——他們叫月亮的, 其實是水庫
不儲水, 儲光, 低水位時一條船
滿水位時像鼓漲了帆, 瞬間可航遍
地球每一池仰望的水塘, 且將之
鍍得金亮. 海如你忍不住的心, 一夜抓狂

손

구름은 조금도 가지런하지 않고
당구공처럼 이 쪽 산에 부딪치다가
튕겨 나와 또 저 쪽 산에 부딪치네
뭇 산들이 에워싼 당구대에
오후를 밀어 오고, 또 저녁을 밀고 간다

手

那朵雲一點都不正經
一顆撞球似的碰這面山
彈回來又撞向那面山
就在群山圈住的球檯上
偎來　下午　偎去　黃昏

제사장

그림자는
달이 숭배하는
무희
그럼 누가
그대 뒤에 부채를 들고 있는 제사장인가?

祭師

陰影是
月亮崇拜的
舞者
而誰
是你背後持扇的祭師

이슬

별이 출발하기 전
청소해야 한다
그대는
본 적이 있는가,
더러운 이슬을

露珠

星球出發前
都須打掃
你
看過骯髒的
露珠嗎

가을 경치

붉은 나비들이 가득 날아다니는 단풍나무, 그대의 눈에
여위어 처량하고 아름다운 복도의 기둥들로 보이네
가을은 여름을 말아가고 싶지만 다 말아갈 수 없는 것
한 송이 연꽃이 합장하며 물러나니
연못 가운데에 나타난 연륜……

秋景

紅蝴蝶飛滿楓樹, 於你眼瞳
瘦成一株株淒美的廊柱
秋捲起夏總是捲不完的
一朵蓮花合掌引退
自池心的年輪……

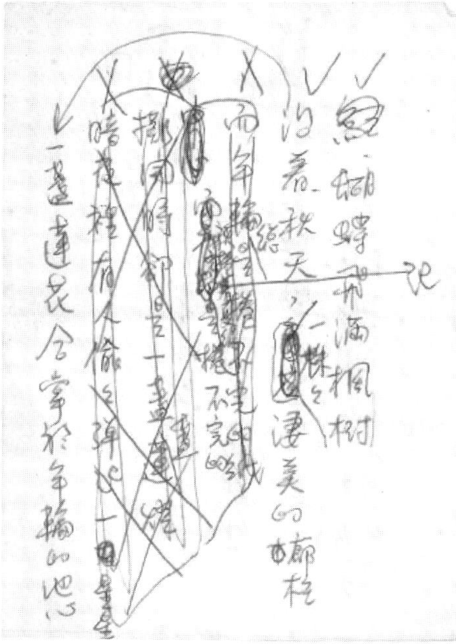

〈秋景〉手稿一

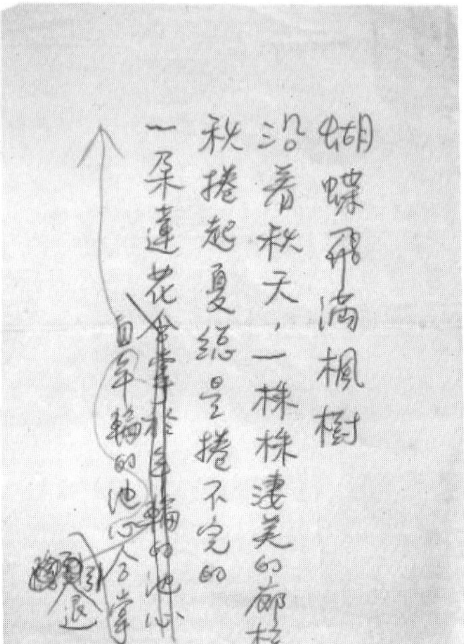
蝴蝶飛滿楓樹
沿着秋天，一株株淒美的廊柱
秋捲起夏總是捲不完的
一朵蓮花

〈秋景〉手稿二

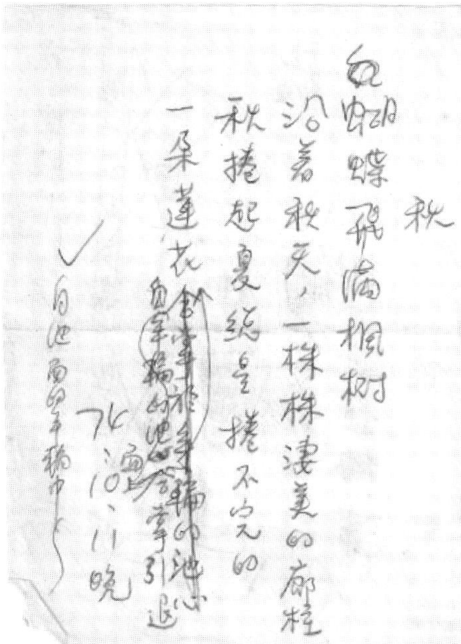

〈秋景〉 手稿三

시

문자, 있다
시, 없다
문자 산화하다
시 환원하다
문자는 1, 시는 0

詩

文字, 有
詩, 沒有
文字氧化
詩　還原
文字是 1 , 詩是 0

나무 불

— 반 고흐의 삼나무

거목은 솟아난 뾰쪽함으로, 하늘을 받드네
나무줄기는 선회하기 시작하며
끌 수 없는 횃불처럼 활활 타고 있어
새와 짐승들이 눈을 감고, 이 무서운 그림자를 두려워하니
불이 난 구름들이 한 무더기 한 무더기 떨어지며, 고통스러워 한다

樹火

— 梵谷的「系杉樹」

巨樹以它高聳的尖，頂住天空
樹身開始旋轉
活似一把捻不熄的火炬
鳥獸都閉起眼精，畏懼這恐怖的陰影
著火的雲兒一塊塊掉下來，呼痛地掉下

열다

태평양에서 억만 송이 빛의 꽃이 피어나면
큰 도량 하나 열린다
우리도 열려져, 포복하여 얇은
부들방석이 되어 도란산에 주둔하라 요청하고
녹도를 바라보며 상상한다: 서서히 피어오르는 선향

打開

太平洋打開億萬朵光之花
鋪出一座大道場
我們也被打開, 匍匐自己成薄薄
一席蒲團, 邀都蘭山坐鎮上頭
並觀想綠島：一盤釋放緩和慢的線香

미끄러져 넘어지다

아무리 큰 물보라인들, 모래사장에 넘어지지 않을 수 있겠는가?
여름의 불도 가을의 품에서 넘어지는데
사랑, 끝까지 불애(不愛) 속에 넘어지지 않을 수 있겠는가?
어떻게 해야 폭포처럼 절벽에서 미끄러질 수 있을까?
그대 눈 속의 깊은 곳이 절벽인가?
나는 날아올라야 하나 넘어져야 하나?

滑倒

浪花再大，能不在沙灘上滑倒？
夏天之火在秋天之懷中滑倒
愛，最後可否免於在不愛裡滑倒？
而如何才能像瀑布，滑倒在斷崖
你眼睛的深處是斷崖嗎？ 我該滑翔或滑倒

흰불나방 말하길

방과 수많은 유리에서 벗어날 수 없는 그 흰불나방,
당신의 손바닥에 날아 들어와, 당신의 모든 손가락에 입을 맞추네
마지막 떨면서 애걸하길: 부탁해요
내 날개를 맞붙이지 마시길, 가장 뾰쪽한 별로 못 박아 주시길
그대가 창문에서 보았던 가장 뾰쪽한 별 같은 맹세로…

白蛾說

逃不出屋宇和眾多玻璃的那隻白蛾
飛入伊的掌中，親吻伊的每一根手指頭
做最後的抖顫，並哀求說：請莫令
我的翅膀合攏，請用最尖的那顆星釘死我
從你眼窩的窗口望出去尖得最像誓言的那顆……

웨이싱이라 불리는 사람

제어하지 못한 옛일들이 추락했다, 어젯밤
꿈속의 하늘에서, 그의 불타는 꼬리가
길고 긴 처절한 비명을 지른다
강한 충격으로 파괴당해 헐떡거리는
땅바닥에 누워 있는 내 몸과 마음,
파멸되어 간들거리는 숨, 없었다, 누구도 비명을 들은 사람은

那名字叫衛星的人

失控的往事終究是墜燬了, 就在昨夜
夢境的上空, 它燃燒的尾巴
淒厲成長長長的一聲驚叫
但除了躺在地面我那塊心肉受到重擊
摧燬, 奄奄一息, 沒有, 沒有誰聽到

은유의 밤

어떻게 먹어야 하나, 어젯밤 내뱉은 말을 다시 먹을 수 있을까?
한 입에 1킬로그램 꿀을 달 수 있는지 믿어도 될까
은유가 가득 찬 고통스런 밤
흰불나방이 그의 손에서 발버둥 치다 죽는 것이 오히려 낫느니
두 손바닥은 여름의 별 밤을 가둔다

隱喩之夜

如何啃食，才能吃回昨夜說過的話
一口氣，相不相信，可以秤出一公斤的蜜
這是個充滿隱喩的傷痛之夜
一隻白蛾寧願在他手中掙扎而逝
一雙手掌圈起一整座夏日的星空

베이컨에 이르기까지

달빛을 보기 위해, 우물은 깊은 목구멍 안에서
들판의 흔들 귀신 그림자 참아내었네
달은 내막을 모르고, 우물의 윤곽만을 어루만지네
이끼에 미끄러져 넘어질 때까지
이끼 같은 마음에 미끄러져 넘어질 때까지

到培根為止

為了一口月光, 井在喉嚨深處
忍受整片田野的鬼影幢幢
月亮不知情, 只撫摸井口的輪廓
直到在青苔上滑倒為止
直到在青苔也似的心上滑倒為止

마르지 않는 우물

그대는 울면 안 된다고 말하니, 내 가슴에 앉은 돌도 고개를 끄덕이고
그대는 우물이 마르면 안 된다고 말하니, 내 마음에 걸린 나무통도 고개를 끄덕인다
하지만 어젯밤, 깊은 초원에서
울기 좋아한 우물이 밤새 우는 것을 들었지, 오늘 아침
눈앞의 큰 호수 내 침대를 띄워, 그대 창문에 이르게 하네

不枯之井

你說不能哭, 坐我胸口那塊頑石點點頭
你說井不能枯, 吊我心上那木桶也點了頭
但就在昨夜, 我聽到草原深處
一口愛哭的井哭了一整夜, 哭出今晨
眼前這一大片湖泊, 漂我的牀來你窗口

욕망의 부드러운 복부를 움푹 밟는다

사마귀, 도마뱀
호랑이, 표범
몇 억 년, 몇 만 년
셀 수 없는 발바닥
욕망의 부드러운 복부를 움푹 밟는다……

踩凹慾望柔軟的小腹

螳螂, 蜥蜴
老虎, 豹
億年萬載
數不盡的趾掌
踩凹慾望柔軟的小腹……

울금향

꽃 바다 속에서 와인 잔을 들고, 가볍게 흔든다
하나의 푸른 줄기 위로, 햇빛과
슬픔이 숨어 들어와 오후 내내 배회하고,
저녁 하늘을 향해 황혼을 가득 따라, 잔을 든다
보라, 모든 잔에 울금 향 자욱한 것을

鬱金香

花海中最高脚的酒杯，慢搖輕晃
於一根綠莖之上，允許陽光
和憂傷，躲進裡頭躊躇一下午
對著晚天將黃昏斟滿，舉杯
瞧，每一杯都鬱著金與香

___저자소개

바이링(白靈)

바이링의 본명은 좡주황(莊祖煌)이고 원적은 복건성 혜안이다. 현재 타이베이 과학기술대학 교수이며 대만「年度詩選」편집위원이다. 중산문학상, 국가문학상 등 십여개의 문학상을 수상한 바 있다. 시집으로는《어제의 육체》,《여인과 유리의 몇가지 관계》등 10여 종과 산문집 3종이 있다.

___역자소개

엄영욱(嚴英旭)

엄영욱님은 전남대학교 동아시아연구소 소장, 중국학과 교수로 재직 중이다. 저서로는《정신계의 전사-노신》(2005년도 대한민국학술원 우수학술도서 선정),《중국근대문학사상연구》(공저: 2009년도 문광부 우수학술도서 선정),《동아시아의 생사관》(공저: 2009년도 문광부 우수학술도서 선정) 등 다수의 저서와 번역서가 있다.

왕잉리(王英麗)

왕잉리님은 문학박사로 Journal of East Asian Studies 국제편집위원. 목포대학교, 전남대학교객원교수를 역임했고 박사논문으로는《Post-modern Aspects in Contemporary Taiwanese Poetry: A Case of Bai Ling in the Context of Globalized Literature》과〈바이링 시가 언어 예술연구〉등 다수의 논문이 있다.

세상의 멀지 않은 곳

인쇄 2015년 9월 21일
발행 2015년 9월 30일

역자 엄영욱 · 왕잉리
발행인 지병문
발행처 전남대학교출판부

등록 1981. 5. 21. 제53호
주소 61186 광주광역시 북구 용봉로 77
전화 (062) 530-0571~2 **마케팅** 530-0573
팩스 (062) 530-0579
홈페이지 http://www.cnup.co.kr
이메일 cnup0571@hanmail.net

값 10,000원

ISBN 978-89-6849-246-4 (93820)

이 도서의 국립중앙도서관 출판예정도서목록(CIP)은
서지정보유통지원시스템 홈페이지(http://seoji.nl.go.kr)와
국가자료공동목록시스템(http://www.nl.go.kr/kolisnet)에서 이용하실 수 있습니다.
(CIP제어번호 : CIP2015025797)